Fadoua Chakchouk

Approche multi-agent pour résoudre le problème de 3L-CVRP

Fadoua Chakchouk

Approche multi-agent pour résoudre le problème de 3L-CVRP

Éditions universitaires européennes

Impressum / Mentions légales

Bibliografische Information der Deutschen Nationalbibliothek: Die Deutsche Nationalbibliothek verzeichnet diese Publikation in der Deutschen Nationalbibliografie; detaillierte bibliografische Daten sind im Internet über http://dnb.d-nb.de abrufbar.

Alle in diesem Buch genannten Marken und Produktnamen unterliegen warenzeichen-, marken- oder patentrechtlichem Schutz bzw. sind Warenzeichen oder eingetragene Warenzeichen der jeweiligen Inhaber. Die Wiedergabe von Marken, Produktnamen, Gebrauchsnamen, Handelsnamen, Warenbezeichnungen u.s.w. in diesem Werk berechtigt auch ohne besondere Kennzeichnung nicht zu der Annahme, dass solche Namen im Sinne der Warenzeichen- und Markenschutzgesetzgebung als frei zu betrachten wären und daher von jedermann benutzt werden dürften.

Information bibliographique publiée par la Deutsche Nationalbibliothek: La Deutsche Nationalbibliothek inscrit cette publication à la Deutsche Nationalbibliografie; des données bibliographiques détaillées sont disponibles sur internet à l'adresse http://dnb.d-nb.de.

Toutes marques et noms de produits mentionnés dans ce livre demeurent sous la protection des marques, des marques déposées et des brevets, et sont des marques ou des marques déposées de leurs détenteurs respectifs. L'utilisation des marques, noms de produits, noms communs, noms commerciaux, descriptions de produits, etc, même sans qu'ils soient mentionnés de façon particulière dans ce livre ne signifie en aucune façon que ces noms peuvent être utilisés sans restriction à l'égard de la législation pour la protection des marques et des marques déposées et pourraient donc être utilisés par quiconque.

Coverbild / Photo de couverture: www.ingimage.com

Verlag / Editeur:
Éditions universitaires européennes
ist ein Imprint der / est une marque déposée de
OmniScriptum GmbH & Co. KG
Heinrich-Böcking-Str. 6-8, 66121 Saarbrücken, Deutschland / Allemagne
Email: info@editions-ue.com

Herstellung: siehe letzte Seite /
Impression: voir la dernière page
ISBN: 978-3-8417-4215-5

Copyright / Droit d'auteur © 2014 OmniScriptum GmbH & Co. KG
Alle Rechte vorbehalten. / Tous droits réservés. Saarbrücken 2014

Table des matières

Table des figures

Introduction Générale

Les problèmes combinatoires sont des problèmes ayant un grand nombre de solutions dont leur énumération n'est pas facile à concevoir. La résolution de ces problèmes consiste à trouver la meilleure solution tout en respectant un certain nombre de contraintes liées au problème à résoudre. Pour éviter l'énumération de toutes les solutions et satisfaire les contraintes au même temps, un ensemble d'algorithmes appelés "heuristiques" et "métaheuristiques" sont appliqués afin de trouver la solution la plus proche de l'optimale.

Parmi ces problèmes nous trouvons le problème de tournées de véhicules (Vehicle Routing Problem-VRP). Ce dernier s'agit de servir un ensemble de clients en minimisant le coût de la route parcouru par chaque véhicule en respectant l'ensemble des contraintes suivantes : chaque tournée commence et se termine au niveau du dépôt, un client n'est servi que par un seul véhicule, et la capacité d'un véhicule ne doit pas être dépassé par les demandes des clients.

Les contraintes du problème VRP peuvent varier selon les attributs du problème (T.Vidal et al. 2011). Il en existe trois types : des attributs impactant les affectations des services, des attributs impactant la structure des routes, et des attributs impactant l'optimisation/évaluation à séquence fixée.

Les problèmes de VRP ayant des attributs impactant les affectations des services peuvent avoir plus qu'un dépôt, il s'agit du problème de MDVRP. Lors de la résolution de ce dernier, un véhicule peut être affecté soit à un seul dépôt (départ et arrivée), soit à 2 dépôts (un comme point de départ et l'autre comme point d'arrivée). Ces problèmes peuvent avoir aussi un ensemble de véhicules avec des caractéristiques de capacité et de temps de parcours maximal différentes. Un tel problème est appelé un problème de VRP hétérogène (HVRP) si le nombre de véhicules est fixe. Un autre problème dérivé du VRP appelé VRP périodique (PVRP) consiste à planifier les tournées des véhicules sur plusieurs jours et associer à chaque client des combinaisons de jours de livraison. Dans un autre cas, un client peut être servi par plusieurs véhicules en effectuant des livraisons partielles ; un tel cas est appelé un VRP à livraisons fractionnées (SDVRP)

Le 2ème type des attributs sont les attributs impactant la structure des routes. Ce type possède des clients demandant des services de ramassage. Un problème VRPB (Backhauls) consiste à servir les clients demandant des services de livraison avant les clients qui demandent des services de ramassage. Un service au niveau du problème de VRP avec ramassage et livraison couplés peut être caractérisé par un point de ramassage et un point de livraison. Les véhicules d'un problème VRP ayant ce type d'attribut peuvent avoir la possibilité de repasser au dépôt pour décharger et reconstruire une nouvelle tournée.

Le dernier type des attributs sont les attributs affectant l'optimisation/évaluation à séquence fixée. Ce type influence sur la distance parcourue et la durée du parcours. Un problème VRP est dit VRP avec fenêtre de temps (VRPTW) si chaque client possède un intervalle de temps de visite (fenêtre de temps). Si un véhicule arrive trop tôt à un client, il peut attendre le début de la fenêtre de temps, et s'il arrive trop tard, la solution est considérée irréalisable. Dans ce type du problème, la durée de parcours d'une tournée peut dépendre de l'instant de départ du véhicule du dépôt, et des règles sur les périodes du déplacement et les pauses effectuées peuvent être mises en place. Des contraintes de chargement peuvent aussi être affectées à la mise en place des objets dans les véhicules d'espace bidimensionnel ou tridimensionnel.

Dans le but de satisfaire ces contraintes de chargement, nous avons **écrit cet ouvrage**. Un problème de VRP avec contraintes de chargement est appelé CVRP (Capacitated Vehicle Routing Problem). Les véhicules d'un tel problème sont caractérisés par une capacité au niveau du poids, et les objets chargés dans un véhicule ne doivent pas dépasser l'espace de chargement du véhicule. Un problème CVRP résolu dans un espace 2D est appelé Two-Dimensional Loading-Capacitated Vehicle Routing Problem (2L-CVRP), et celui résolu dans un espace 3D est appelé Three-Dimensional Loading-Capacitated Vehicle Routing Problem (3L-CVRP)

Dans ce **livre**, nous nous sommes inspirés des heuristiques de chargement utilisées dans la littérature. Les heuristiques sont des algorithmes plus spécifiques que les méta-heuristiques. Ces dernières s'appliquent sur n'importe quel problème, c'est-à-dire qu'une seule méta-heuristique peut être adaptée pour résoudre un problème de routage, ou de chargement, etc. Par contre une heuristique ne peut résoudre qu'un seul type de problème, c'est-à-dire qu'une heuristique adaptée à résoudre un problème de chargement ne peut pas résoudre un problème de routage, mais un seul problème peut être résolu par plusieurs heuristiques.

Notre objectif est de proposer un système multi-agent pour résoudre le problème de chargement au niveau de 3L-CVRP en respectant ses contraintes de chargement et en minimisant le nombre de véhicules utilisés. Les agents de ce système se guident mutuellement afin de trouver un chargement faisable tout en minimisant le nombre de véhicules occupés. Ce système est basé sur des heuristiques de chargement inspirées de la littérature.

Ce mémoire comporte 5 chapitres, le 1er chapitre présente le problème 2L-CVRP et les méthodes de sa résolution utilisées dans la littérature. Le 2ème chapitre présente le problème 3L-CVRP et les méthodes utilisées pour le résoudre dans la littérature. Et puisque nous nous intéressons à la partie de chargement des véhicules à 3D, le 3ème chapitre présente le problème 3D-Bin Packing Problem (3BPP) et l'ensemble des heuristiques appliquées pour sa résolution, et cela dans le but d'adapter un ensemble de ces méthodes au problème 3L-CVRP au niveau du 4ème chapitre. Ce dernier présente l'approche proposée. Elle s'agit d'améliorer des heuristiques déjà appliquées pour résoudre le problème 3L-CVRP, et adapter d'autres heuristiques au 3L-CVRP. Le dernier chapitre illustre l'ensemble des expérimentations et des résultats obtenus en exécutant quelques heuristiques présentées dans le 4ème chapitre pour résoudre le problème 3L-CVRP.

Première partie

Etat de l'art

Chapitre 1

Problème de tournées de véhicules de capacité bidimensionnelle

1.1 Introduction

Le problème de chargement à 2 dimensions est lié à différents problèmes d'emballage en particulier le problème de Bin Packing Bidimensionnel (2BPP) et le problème de Strip Packing Bidimensionnel (2SPP). Le problème de 2L-CVRP (Tournée de Véhicules Bidimensionnel) est un sous problème de VRP, considéré comme étant un problème NP-difficile puisque 2BPP est NP-Difficile. Sa résolution consiste à résoudre le problème de VRP en ajoutant des contraintes de chargement bidimensionnel. Ce chargement se fait dans des conteneurs caractérisés par une capacité limitée au niveau du poids et de la surface. Dans ce chapitre nous allons définir le problème de 2L-CVRP en présentant sa formulation mathématique et les méthodes utilisées dans la littérature pour sa résolution.

1.2 Définition

Le problème de 2L-CVRP consiste à résoudre le problème de VRP (Vehicle Routing Problem) en respectant un certain nombre de contraintes. Donc l'objectif de la résolution de ce problème est de minimiser le cout total du chemin parcouru en satisfaisant les contraintes suivantes :

– Un client est visité une seule fois par un seul véhicule (Eq.1.2)

– Chaque tournée commence et se termine dans le dépôt (V=0) (Eq.1.3)

– *Contrainte de capacité :* Le poids de l'ensemble des objets chargés dans un véhicule et l'espace occupé par cet ensemble ne doivent pas dépasser la capacité et l'espace de chargement disponibles du véhicule (Eq.1.4)

– *Contrainte de chevauchement :* les objets chargés dans un véhicule ne se chevauchent pas (Eq.1.5)

– *Contrainte de contenu :* Chaque objet placé dans un véhicule doit être complètement contenu dans le véhicule, c'est-à-dire les bords de l'objet ne doivent pas dépasser ceux du véhicule (Eq.1.6)

– *Politique LIFO (Last In First Out) :* Au cours du déchargement des objets d'un client déterminé, le placement des autres objets des autres clients ne doit pas être modifié (Eq.1.7)

– *Contrainte d'orthogonalité :* Le chargement des objets dans un véhicule se fait d'une manière orthogonale, c'est-à-dire que les bords de chaque objet sont parallèles à ceux du véhicule, et cela pour faciliter le déchargement des objets

1.3 Formulation mathématique

Le problème de 2L-CVRP est représenté sous forme d'un graphe complet $G=(V,E)$ tel que $V=0,1,...,n$ représente l'ensemble des nœuds ou des clients avec $V=0$ est le dépôt, et E représente l'ensemble des arcs ou chemins entre les clients. Chaque arc $(i,j) \in E$ possède un coût c_{ij}.

Chaque objet k correspondant à un client i possède une largeur w_{ik} et une longueur l_{ik}. L'objet est noté I_{ik}. L'ensemble des objets demandés par un client i est noté m_i ayant comme poids total d_i. L'espace occupé par les objets d'un client i est noté $a_i = \sum w_{ik} * l_{ik}$. L'ensemble des véhicules disponibles est représenté par ν tel que chaque véhicule possède une capacité D et ayant une surface de chargement de dimensions W (largeur) et L (longueur).

La fonction objectif de ce problème est représentée comme suit :

$$F(x) = Min \sum_{i=1}^{n} \sum_{j=1}^{n} c_{ij} \sum_{k=1}^{\nu} x_{ij,k} \qquad (1.1)$$

tel que $x_{ij,k} = \begin{cases} 1 & \text{si (i,j) est parcouru par le véhicule k} \\ 0 & \text{sinon} \end{cases}$

L'ensemble des contraintes est représenté comme suit :

$$\sum_{i=1}^{n}\sum_{k=1}^{\nu} x_{ij,k} = 1 \quad et \quad \sum_{j=1}^{n}\sum_{k=1}^{\nu} x_{ij,k} = 1 \qquad (1.2)$$

$$\sum_{i=1}^{n} x_{i0,k} = 1 \quad et \quad \sum_{j=1}^{n} x_{0j,k} = 1 \qquad (1.3)$$

$$\sum_{i=1}^{n} d_i \leq D \quad et \quad \sum_{i=1}^{n} a_i \leq W.L \qquad (1.4)$$

Soient I_{ik} et $I_{jk'}$ deux objets appartenant au même véhicule, et X_{ik} et Y_{ik} les coordonnées de la position à laquelle un objet I_{ik} est placé.

$$\begin{cases} X_{ik} + w_{ik} < X_{jk'} & si \quad Y_{jk'} < Y_{ik} + l_{ik} \\ \qquad ou \\ Y_{ik} + l_{ik} < Y_{jk'} & si \quad X_{jk'} < X_{ik} + w_{ik} \end{cases} \qquad (1.5)$$

$$0 \leq X_{ik} \leq W - w_{ik} \quad et \quad 0 \leq Y_{ik} \leq L - l_{ik} \qquad (1.6)$$

En supposant que le client correspondant à l'objet I_{ik} est visité avant celui correspondant à l'objet $I_{jk'}$

$$Y_{jk'} + l_{jk'} \leq Y_{ik} \quad si \quad X_{ik} < X_{jk'} + w_{jk'} \qquad (1.7)$$

1.4 Méthodes de résolution

Plusieurs méthodologies sont mentionnées dans la littérature dédiées à la résolution du problème de 2L-CVRP.

Une méthode exacte traitant ce problème est présentée par [MJD07]. Cette méthode consiste à utiliser les deux algorithmes Branch-and-Cut et Branch-and-Bound pour traiter les contraintes de séquence lors de livraison des objets (LIFO), et pour garantir un chargement faisable des objets, respectivement.

La méthode de Branch-and-Bound consiste à énumérer l'ensemble des solutions et éliminer les solutions partielles qui ne mènent pas à la solution cherchée. Pour ce faire, une borne est mise sur certaines solutions afin de les exclure ou de les maintenir. L'exécution de cette méthode est représentée à travers une arborescence.

La méthode de Branch-and-Cut consiste à résoudre des programmes linéaires en commençant par résoudre une relaxation de ce programme, puis y appliquer un algorithme. Si ce dernier ne trouve pas de solution, le programme est divisé en sous programmes résolus de la même façon

Deux familles de contraintes sont utilisées au sein de cette méthode afin de vérifier les contraintes de capacité au niveau du poids et d'éviter les modèles de chargement infaisables. Comme ces deux familles engendrent un grand nombre de contraintes, [MJD07] ont eu recours à des heuristiques comprenant des procédures de séparation afin de traiter chaque contrainte à part, d'où l'utilisation de l'algorithme Branch-and-Cut.

Au niveau de la procédure de Branch-and-Bound, et à chaque niveau de l'arbre de recherche, chaque nouvel objet non encore placé dans un véhicule est attribué à un nœud avec une position de placement faisable. Ce placement se fait dans la solution partielle, où certains objets sont déjà placés, attribué à un nœud du niveau directement supérieur de l'arbre.

Dans cette approche, les auteurs définissent le nombre minimal de véhicules nécessaires comme étant une borne inférieure calculée comme suit :

$$B.Inf = Max(\frac{\sum_{i=1}^{n} d_i}{D}, \frac{\sum_{i=1}^{n} a_i}{W.L})$$

Le calcul se fait au niveau de la racine de l'arbre de recherche du Branch-and-Bound, et la valeur est mise à jour à chaque placement d'un objet. Cette méthode est efficace pour les problèmes de 2L-CVRP de petite taille, cependant, [MJD07] ont réussi à résoudre des instances ayant plus que 35 clients et 100 objets.

Pour traiter un nombre d'instances plus large que celui traité par [MJD07], d'autres auteurs ont eu recours à des méta-heuristiques pour résoudre le problème de 2L-CVRP.

En 2008, [MMGS08] ont adapté la méta-heuristique Recherche Tabou à ce problème.

La recherche Tabou est une procédure itérative qui guide le choix des mouvements. Le but de cette méta-heuristique est d'assurer la décroissance de la fonction coût à minimiser. Si aucun mouvement ne permet la diminution du coût, le mouvement donnant l'augmentation la plus faible du coût est choisi. Une liste de mouvements ou de configurations tabous est considérée durant un certain nombre d'itérations afin d'interdire le retour vers une configuration déjà rencontrée. Cette liste permet de sortir des pièges formés par les minima locaux

Pour commencer, une configuration est initialisée et une liste taboue est créée. Durant son exécution, l'algorithme choisit le meilleur mouvement, parmi les mouvements non tabous et les mouvements tabous qui améliorent la meilleure solution. Ce mouvement est appliqué sur la solution courante. Si la meilleure solution obtenue est meilleure que la solution courante, cette dernière est mise à jour et le mouvement est considéré tabou. L'ensemble des solutions obtenues construit le voisinage de la solution courante.

Pour vérifier les contraintes de chargement, deux heuristiques ont été utilisées l'une en prenant en compte la contrainte LIFO, et l'autre sans prendre en compte la contrainte LIFO. Pour le placement des objets dans l'espace de chargement d'un véhicule, l'algorithme Maximum Touching Perimeter [ASD99] est exécuté. Ce dernier consiste à placer un objet dans la position qui maximise la valeur du périmètre en commun entre ses bordures et les bordures des objets déjà placés et celles du véhicule.

Le résultat de chargement d'un véhicule est soit un chargement faisable qui respecte toutes les contraintes, soit un chargement non faisable avec dépassement de la longueur du véhicule. Ce dernier cas peut être accepté en choisissant la position ayant le dépassement minimal de la longueur, et en le pénalisant au cours de l'algorithme de Recherche Tabou.

Les deux heuristiques de vérification des contraintes exécutent l'algorithme de placement des objets, la 1ère en triant les objets dans l'ordre inverse de visite des clients (respecter la contrainte LIFO), et la 2ème en triant les objets dans l'ordre décroissant de largeur des objets

Le traitement de l'infaisabilité d'une solution au niveau des contraintes de capacité (poids et contenu) est pénalisé sous forme de fonction objectif à minimiser

Un mouvement au niveau de l'algorithme de Recherche Tabou consiste à déplacer un client d'une route à une autre. La réinsertion d'un client dans sa route d'origine est considérée comme mouvement tabou pour un certain nombre d'itérations, et ce mouvement n'est accepté que s'il améliore la valeur de la meilleure solution trouvée. A chaque itération, tous les mouvements possibles sont évalués et celui qui donne le coût minimal est choisi.

Dans le but d'améliorer la solution courante, [MMGS08] ont eu recours à deux techniques d'intensification : l'une est exécutée après un certain nombre de mouvements, et l'autre dépend du type de la solution à améliorer (faisable ou infaisable au niveau de la capacité de contenu). L'application de cette approche a résolu 33/58 instances et les solutions trouvées sont meilleures de 0.19

En 2009, [ECC09] ont utilisé la méthode de [MMGS08] en ajoutant un mécanisme de guidage pour résoudre le problème de 2L-CVRP. Cette stratégie contrôle la fonction objectif du problème en pénalisant les éléments de mauvaise qualité présents dans la solution.

Au niveau du chargement d'un véhicule, les auteurs ont utilisé 5 heuristiques appliquées dans cet ordre(Figure.1.1) :

1. *Bottom-Left Fill (axe W)* : Choisir la position ayant la coordonnée minimale au niveau de l'axe parallèle à la largeur du véhicule W

2. *Bottom-Left Fill (axe L)* : Choisir la position ayant la coordonnée minimale au niveau de l'axe parallèle à la longueur du véhicule L

3. *Maximum Touching Perimeter* : Choisir la position qui maximise la somme des bordures en commun avec les objets placés et l'espace de chargement du véhicule

4. *Maximum Touching Perimeter No Walls* : Même principe que Maximum Touching Perimeter mais sans prendre en compte les bordures en commun avec l'espace de chargement du véhicule

5. *Min Area* : Choisir la position ayant l'espace minimal entre ses coordonnées et les bordures du véhicule

Le passage d'une heuristique à une autre se fait si l'heuristique courante ne donne pas de chargement faisable

Lors de la construction de la solution initiale, les clients sont triés dans le sens décroissant de la surface totale de leurs objets. La génération des routes pour chaque véhicule se fait en sélectionnant successivement les clients. Ces derniers sont insérés dans une route selon l'espace libre dans le véhicule

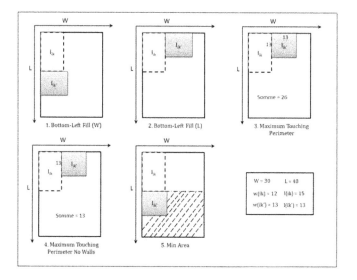

FIGURE 1.1 – Différentes heuristiques de chargement

correspondant. Cet algorithme de construction vise à maximiser la fonction objectif du problème

L'exploration du voisinage au niveau de cette approche se fait soit en déplaçant un client d'une route à une autre, soit en remplaçant un client par un autre client d'une autre route, soit en supprimant deux arêtes et en construire deux autres (2-opt au sein d'une route ou entre deux routes)

La Recherche Tabou Guidée (Guided Tabu Search-GTS) intègre la logique de Guided Local Search (GLS). Le principe de cette dernière est de localiser et supprimer les éléments de mauvaises qualité présents dans la solution en augmentant la fonction objectif par les pénalités. Le but est de pénaliser les arêtes ayant une longue distance ou un coût élevé et de rendre l'optimum local plus coûteux.

19

Le but de l'algorithme GTS est d'améliorer la solution initiale, donc chaque mouvement doit donner une solution faisable au niveau des contraintes de capacité (poids et contenu). Le sens inverse de chaque mouvement est considéré tabou afin d'éviter un processus cyclique, et il n'est accepté que s'il améliore la meilleure solution trouvée. Cet algorithme n'est plus exécuté si aucune amélioration n'est trouvée après un certain nombre d'itérations. Le mécanisme de guidage, où la logique de GLS est intégrée, est exécuté après un certain nombre d'itérations.

Pour limiter le temps de calcul nécessaire pour GTS, deux stratégies d'accélération du processus de recherche sont adaptées : la 1ère consiste à réduire la taille du voisinage de recherche à chaque itération de GTS, et la 2ème consiste à éliminer les appels non nécessaires des heuristiques de chargement en gardant une trace de la faisabilité de chargement au niveau des routes examinées.

En plus de l'approche précédente, [GKRM09]. ont adapté l'algorithme de colonie de fourmis (ACO) au même problème.

Le fonctionnement de l'algorithme d'ACO est inspiré du comportement des fourmis réelles. Ces dernières sont capables de trouver le plus court chemin entre deux points. Ce phénomène s'explique par le dépôt d'un marqueur chimique appelé phéromone par les fourmis tout au long du chemin. Les autres fourmis suivent le chemin marqué. Plus un chemin est marqué, plus elles ont tendance à le suivre. Le taux de phéromone d'un chemin augmente à chaque passage d'une fourmi.
Au début de cet algorithme, Le taux de phéromone au niveau des chemins est le même. Chaque fourmi construit son chemin à part. Ensuite, le coût de chaque chemin est calculé. Si une solution meilleure que la solution courante est trouvée, la meilleure solution est mise à jour. La quantité de phéromone sur les chemins est mise à jour à chaque fin d'itération

Cette méthodologie commence par déterminer le nombre minimal de véhicules nécessaires. Pour ce faire, les auteurs ont eu recours à la méthode de [MSD02] pour le calcul de la borne inférieure appliquée pour le cas des objets orientés.

Si cette heuristique ne prouve pas l'infaisabilité des solutions, c'est-à-dire si la borne inférieure trouvée exige un nombre de véhicules inférieur à celui des véhicules disponibles, alors deux heuristiques de chargement sont appliquées :

1. *Bottom-Left Fill [EGG04]* : Cette heuristique consiste à maintenir une liste contenant les positions les plus profondes à gauche dans lesquelles les objets peuvent être placés, et si la rotation des objets est permise, le placement est vérifié d'abord avec l'orientation d'origine

2. *Touching Perimeter Algorithm [ASD99]* : Cet algorithme consiste à placer un objet dans la position et la rotation qui maximise les parties du périmètre en commun entre l'objet et les objets déjà placés ou les bordures du véhicule.

Si ces deux heuristiques ne donnent pas de chargement faisable, une recherche locale est appliquée en échangeant les positions de deux objets en entrée des deux heuristiques. Dans le cas de la prise en considération de la contrainte LIFO, l'échange des objets se fait seulement entre les objets appartenant au même client. La procédure s'arrête lorsqu'un certain nombre d'itérations est atteint ou lorsqu'une valeur α de la solution est trouvée. A chaque itération, les deux heuristiques sont exécutées avec le nouvel ordre de tri des objets.

Dans le cas où aucun de ses algorithmes ne donne un chargement faisable, la méthode de Branch-and-Bound est lancée. Chaque objet est placé dans un nœud de l'arbre dans ses deux sens d'orientation. Le backtracking est effectué si un objet ne peut être affecté à aucune position. Cette procédure est interrompue lorsqu'un nombre maximal de backtracking est exécuté, ou lorsque le temps d'exécution limite est dépassé, ou si la valeur de la solution trouvée est inférieure ou égale à α.

Au niveau du routage, cette approche utilise la méthode Standard Savings-based ACO. Elle consiste à itérer trois phases : Générer des solutions par population de fourmis en utilisant les informations privées et le taux de phéromone, appliquer la recherche locale sur les solutions trouvées par les fourmis et la mise à jour du taux de phéromone.

La procédure de génération des solutions est basée sur l'algorithme Savings Algorithm : il s'agit d'affecter chaque client à une route séparée ; pour chaque pair de clients, évaluer la valeur *Saving s* obtenue en calculant la différence entre la longueur totale de la route fusionnée et la longueur totale des deux routes avant de les combiner.

La meilleure combinaison est choisie et la procédure est ré-exécutée. La combinaison de deux clients est basée sur une probabilité qui prend en compte la valeur Saving et le taux de phéromone

Cette approche est initialisée par une population de fourmis et chaque fourmi cherche une solution faisable ayant le plus petit coût possible à travers une phase itérative. Une fourmi choisit la combinaison *(i,j)* en se basant sur la probabilité, puis elle fusionne les deux routes contenant les deux clients i et j. L'échange des clients entre les routes est appliqué dans le but d'améliorer la qualité de la solution trouvée. La valeur initiale de phéromone est égale à 2 dans la 1ère itération de Savings-based ACO.

Pour adapter la méthode de Savings-based ACO au problème de 2L-CVRP, les solutions qui nécessitent un nombre de véhicules supérieur à celui des véhicules disponibles sont acceptées puisque Savings-based ACO ne possède pas de nombre limite au niveau des véhicules. Cette acceptation est accompagnée d'une pénalité ajoutée au niveau de la fonction objectif. Cette pénalité garantit que la recherche locale accepte des solutions de mauvaise qualité mais elles sont meilleures au niveau de la capacité et/ou la surface utilisée dans les véhicules. Une fourmi ne met à jour son taux de phéromone que si sa solution ne dépasse pas le nombre de véhicules disponibles.

Cet algorithme s'arrête si un certain nombre d'itérations est effectué, ou si le seuil du temps d'exécution est dépassé.

En 2011, [SXDJ11] ont étendu l'approche de [ECC09] et ils l'ont adapté au problème de 2L-CVRP. Cette extension est basée sur l'idée d'Extended Guided Local Search (EGLS). Elle s'agit d'ajouter des conditions pour accepter les mouvements tabous donnant de meilleurs résultats, ces conditions sont appelées des critères d'aspiration. Donc le principe d'EGLS est d'utiliser des mouvements aléatoires et un critère d'aspiration appliqué sur le mécanisme de pénalité dans le but d'améliorer la robustesse de GLS au niveau du réglage des paramètres.

Au niveau de la construction de la solution initiale, EGTS utilise une approche différente que GTS. Elle est basée sur une stratégie stochastique. Les clients sont triés et attribués chacun à une route (même principe que GTS). Si un client n'est attribué à aucune route durant le processus de construction de la solution initiale, le tri des clients est modifié en choisissant d'une manière stochastique un autre client attribué à une autre route pour échanger sa position avec le client en question. Pour vérifier l'efficacité de cette approche, elle a été appliquée pour 180 instances.

En 2011, [CPA11] ont utilisés une hybridation entre GRASP et ELS. Cette approche consiste à relaxer le problème 2L-CVRP en problème de

TABLE 1.1 – Analogie entre 2L-CVRP et RCPSP [CPA11]

2L-CVRP	RCPSP
Chargement dans un véhicule	Ordonnancement d'une activité
Un objet 2D	Une activité
Longueur de l'objet	Durée de l'activité
Largeur de l'objet	Ressources nécessaires
La position sur l'axe de X	Date de début au plutôt/au plus tard

RCPSP (Ressource Constrained Project Scheduling Problem). Cette approche est basée sur deux étapes :

1. Relaxer les contraintes en contraintes de RCPSP, pour obtenir un problème noté CVRP-RCPSP à résoudre, en utilisant l'analogie du tableau 1.1

2. Convertir les solutions CVRP-RCPSP en solutions 2L-CVRP

La relaxation est résolue par GRASPxELS :

- GRASP (Greedy Randomized Adaptive Search Procedure) est une méta-heuristique de recherche locale à démarrage multiple dans laquelle chaque solution initiale est construite par une heuristique aléatoire gloutonne.

- ELS (Evolutionnary Local Search) est une version évoluée de la recherche locale itérative (ILS). Le but de cette version est de mieux étudier le voisinage de l'optimum local courant avant de le quitter, tandis que le but de GRASP consiste à gérer la diversification au niveau de l'étude de l'espace de recherche.

Au niveau de l'étude de l'espace de recherche, GRASPxELS est basée sur l'alternance entre deux espaces de recherche : un espace qui présente les solutions sous forme d'un tour géant, et un autre qui les présente sous forme d'un ensemble de trajets (Figure.1.3). La solution initiale est obtenue en exécutant des heuristiques aléatoires

Pour se déplacer entre les deux espaces, GRASPxELS utilise deux procédures : Split et Concat (Figure.1.2). La procédure Split est utilisée pour convertir un tour géant à une solution CVRP-RCPSP contenant un ensemble de trajets. La procédure Concat convertit cette solution en un tour géant en concaténant les trajets.

Chaque tour géant peut être divisé pour obtenir une nouvelle solution CVRP-RCPSP. Ce processus permet le déplacement entre les deux espaces.

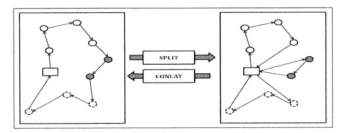

FIGURE 1.2 – Split v.s Concat

La recherche locale exécutée entre les ensembles des trajets consiste à appliquer les mouvements 2-opt au sein d'un trajet, 2-opt entre deux trajets, échange de clients au sein d'un trajet et entre deux trajets. L'opérateur de mutation utilisé consiste à générer un nouvel ordre de concaténation des trajets puis échanger les clients pour obtenir un nouveau tour.

La transformation des solutions CVRP-RCPSP en solutions 2L-CVRP est faite à la fin de GRASPxELS en respectant l'analogie du tableau 1.1

1.5   Conclusion

Le problème de 2L-CVRP consiste à servir un ensemble de clients en minimisant le coût du parcours et en optimisant le placement des objets dans un ensemble de véhicules identiques. Ce problème est résolu en utilisant une approche exacte et un ensemble d'approches basés sur des méta-heuristiques.

Dans ce chapitre nous avons défini le problème de 2L-CVRP en présentant sa fonction objectif et ses différentes contraintes à satisfaire, et nous avons présentés les différentes méthodes utilisés dans la littérature pour sa résolution. Au niveau de ce problème, les objets ne sont pas placés l'un au-dessus de l'autre, d'où l'apparition du problème de 3L-CVRP.

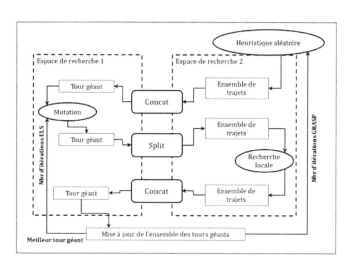

FIGURE 1.3 – Alternance entre les 2 espaces de recherche au niveau de GRASPxELS [CPA11]

Chapitre 2

Problème de tournées de véhicules de capacité tridimensionnelle

2.1 Introduction

Le problème de chargement à 3 dimensions est une version améliorée du problème de chargement à 2 dimensions. L'inconvénient de ce dernier est de ne pas prendre en considération la hauteur des objets lors de leur chargement dans les conteneurs. Donc le problème de 3L-CVRP (Three-Dimensionnal Loading-Capacitated Vehicle Routing Problem) est une extension du problème de 2L-CVRP qui exploite l'espace libre entre la hauteur des objets et la hauteur d'un véhicule. Ce problème est aussi considéré comme un problème NP-difficile.

Dans ce chapitre nous présentons les concepts du problème 3L-CVRP, sa fonction objectif et ses contraintes sous forme de formulation mathématique et nous énumérons les différentes méthodes de résolution utilisées dans la littérature pour résoudre ce problème.

2.2 Définition

Le problème 3L-CVRP consiste à résoudre le problème de tournées de véhicules en respectant un certain nombre de contraintes au niveau de chargement des objets dans les véhicules. Ces contraintes sont les même que 2L-CVRP mais en les adaptant au problème de chargement à trois dimensions et en ajoutant des contraintes spécifiques au problème de chargement à trois dimensions. Donc la liste des contraintes à respecter devient la suivante :

– Un client est visité une seule fois par un seul véhicule (Eq.2.2)

– Chaque tournée commence et se termine dans le dépôt (V=0)(Eq.2.3)

– *Contrainte de capacité :* Le poids de l'ensemble des objets chargés dans un véhicule et l'espace occupé par cet ensemble ne doivent pas dépasser la capacité et l'espace de chargement disponibles du véhicule (Eq.2.4)

– *Contrainte de chevauchement :* les objets chargés dans un véhicule ne se chevauchent pas (Eq.2.5)

– *Contrainte de contenu :* Chaque objet placé dans un véhicule doit être complètement contenu dans le véhicule, c'est-à-dire les bords de l'objet ne doivent pas dépasser ceux du véhicule (Eq.2.6)

– *Contrainte de fragilité :* Un objet non fragile (degré de fragilité=0) ne peut pas être placé au dessus d'un objet fragile (degré de fragilité=1). Par contre deux objets ayant le même degré de fragilité peuvent être placés l'un au dessus de l'autre (Eq.2.7)

– *Contrainte de support :* Un objet qui n'est pas placé directement sur le plancher du véhicule et il est placé au dessus d'un ou de plusieurs autres objets doit être supporté par au moins $\alpha\%$ (75% en général) de la surface de sa base (Eq.2.8)

– *Politique LIFO :* Au cours du déchargement des objets d'un client déterminé, le placement des autres objets des autres clients ne doit pas être modifié (Eq.2.9)

– *Contrainte d'orthogonalité :* Le chargement des objets dans un véhicule se fait d'une manière orthogonale, c'est-à-dire que les bords de chaque objet sont parallèles à ceux du véhicule, et cela pour faciliter le déchargement des objets

2.3 Formulation mathématique

Le problème de 3L-CVRP est représenté sous forme d'un graphe complet $G=(V,E)$ tel que $V=0,1,...,n$ représente l'ensemble des nœuds ou des clients avec $V=0$ est le dépôt, et E représente l'ensemble des arcs ou chemins entre les clients. Chaque arc $(i,j) \in E$ possède un coût c_{ij}.

Chaque objet k correspondant à un client i possède une largeur w_{ik} , une longueur l_{ik} et une hauteur h_{ik}. L'objet est noté I_{ik}. Chaque objet possède un degré de fragilité F_{ik}. L'ensemble des objets demandés par un client i est noté m_i ayant comme poids total d_i. Le volume occupé par les objets d'un client i est noté $s_i = \sum(w_{ik} * l_{ik} * h_{ik})$. L'ensemble des véhicules disponibles est représenté par ν tel que chaque véhicule possède une capacité D et ayant un espace de chargement de dimensions W (largeur), L (longueur) et H (hauteur).

La fonction objectif de ce problème est représentée comme suit :

$$F(x) = Min \sum_{i=1}^{n} \sum_{j=1}^{n} c_{ij} \sum_{k=1}^{\nu} x_{ij,k} \tag{2.1}$$

tel que $x_{ij,k} = \begin{cases} 1 & \text{si (i,j) est parcouru par le véhicule k} \\ 0 & \text{sinon} \end{cases}$

L'ensemble des contraintes est représenté comme suit

$$\sum_{i=1}^{n} \sum_{k=1}^{\nu} x_{ij,k} = 1 \quad et \quad \sum_{j=1}^{n} \sum_{k=1}^{\nu} x_{ij,k} = 1 \tag{2.2}$$

$$\sum_{i=1}^{n} x_{i0,k} = 1 \quad et \quad \sum_{j=1}^{n} x_{0j,k} = 1 \tag{2.3}$$

$$\sum_{i=1}^{n} d_i \leq D \quad et \quad \sum_{i=1}^{n} s_i \leq W.L \tag{2.4}$$

Soient I_{ik} et $I_{jk'}$ deux objets appartenant au même véhicule, et X_{ik} et Y_{ik} les coordonnées de la position à laquelle un objet I_{ik} est placé.

$$\begin{cases} X_{ik} + w_{ik} < X_{jk'} & \text{si} \quad \begin{cases} Y_{jk'} < Y_{ik} + l_{ik} \\ Z_{jk'} < Z_{ik} + h_{ik} \end{cases} \\ \qquad\qquad ou \\ Y_{ik} + l_{ik} < Y_{jk'} & \text{si} \quad \begin{cases} X_{jk'} < X_{ik} + w_{ik} \\ Z_{jk'} < Z_{ik} + h_{ik} \end{cases} \\ \qquad\qquad ou \\ Z_{ik} + h_{ik} < Z_{jk'} & \text{si} \quad \begin{cases} X_{jk'} < X_{ik} + w_{ik} \\ Y_{jk'} < Y_{ik} + l_{ik} \end{cases} \end{cases} \tag{2.5}$$

$$0 \leq X_{ik} \leq W - w_{ik} \quad et \quad 0 \leq Y_{ik} \leq L - l_{ik} \quad et \quad 0 \leq Z_{ik} \leq H - h_{ik} \tag{2.6}$$

En supposant que l'objet I_{ik} est placé directement au dessus de l'objet $I_{jk'}$

$$(Z_{jk'} + h_{jk'}).F_{jk'} \leq Z_{ik}.F_{ik} \tag{2.7}$$

$$w_{jk'}.l_{jk'} \geq \alpha.w_{ik}.l_{ik} \tag{2.8}$$

En supposant que le client correspondant à l'objet I_{ik} est visité avant celui correspondant à l'objet $I_{jk'}$

$$\begin{cases} Y_{jk'} + l_{jk'} \leq Y_{ik} & \text{si} \quad X_{ik} < X_{jk'} + w_{jk'} \\ \\ \qquad\qquad ou \\ \\ Z_{jk'} + h_{jk'} \leq Z_{ik} & \text{si} \quad X_{ik} < X_{jk'} + w_{jk'} \end{cases} \qquad (2.9)$$

2.4   Méthodes de résolution

Le problème de 3L-CVRP a été résolu pour la 1ère fois en 2006 par [MMGS06] en adaptant la méta-heuristique Recherche Tabou à ce problème.

Cette approche peut accepter les mouvements qui donnent des solutions non faisables au niveau du poids, c'est-à-dire que le poids total des objets chargés dans un véhicule dépasse la capacité du véhicule, ou au niveau de la capacité de contenu, c'est-à-dire les objets chargés dépassent les bordures du véhicule.

La solution initiale est obtenue en exécutant deux algorithmes. Le 1er algorithme est toujours exécuté, il commence par un client par route et il procède en fusionnant les routes par couple. Une fusion n'est acceptée que si la route résultante est faisable. Dans le cas où l'algorithme ne donne plus de solutions faisables au niveau du nombre de véhicules et du nombre de tournées obtenues, les fusions qui violent les contraintes de capacité au niveau du poids et du contenu sont acceptées.

Le 2ème algorithme est exécuté dans des cas particuliers. Il est basé sur l'attribution progressive des clients aux routes dans le cas où les contraintes de capacité de poids et de contenu sont satisfaites, sauf pour la dernière tournée, les attributions qui ne satisfont pas ces deux contraintes sont acceptées. La solution choisie après l'exécution de ces 2 algorithmes est celle qui possède le minimum de véhicules utilisés.

L'exploration du voisinage au niveau de la solution initiale se fait en déplaçant un client d'une route à une autre. Chaque attribution d'un client à un véhicule possède un score qui prend en compte la longueur de la route à parcourir par le véhicule et le dépassement du poids et de la longueur du véhicule. Ce dépassement est pénalisé en utilisant des paramètres de pénalité lors du calcul du score.

Pour chaque client, les coûts des distances entre ce client et les autres clients sont triés dans l'ordre croissant. A chaque itération, toutes les attributions d'un client aux routes qui contiennent au minimum un client ayant un coût minimal sont considérées. Durant ces mouvements, le score de chaque attribution est calculé et celui ayant la valeur minimale est sélectionné. La réinsertion d'un client dans sa route d'origine est considérée tabou durant un certain nombre d'itérations, sauf dans le cas d'amélioration de la meilleure solution courante.

Au niveau du chargement des véhicules, Gendreau et al. ont eu recours aux deux heuristiques de chargement Bottom-Left Fill [EGG04] et Touching Perimeter Algorithm [ASD99] présentées dans la 4ème section du 1er chapitre. Cette approche a donné des résultats intéressants au niveau des instances utilisées dans la littérature et celles du monde réel

En 2007, [DJA+07] ont présenté une approche basée sur la méta-heuristique Recuit Simulé au niveau du routage et sur les deux heuristiques de chargement Bottom-Left Fill et Touching Perimeter Algorithm présentées dans la section 1.4

Le Recuit Simulé est une méta-heuristique utilisée pour la résolution des problèmes d'optimisation combinatoire issue de la physique statique basée sur les techniques du recuit thermique. Cet algorithme s'appuie sur la probabilité d'acceptation afin d'éviter les minima locaux.
Par analogie avec le recuit thermique, le Recuit Simulé est présenté comme suit : Les états du solide présentent les solutions réalisables, les énergies des états présentent les valeurs de la fonction objectif correspondantes à ces solutions, l'état ayant l'énergie minimale présente la solution optimale du problème, et le refroidissement rapide présente la recherche locale.

Pour commencer, cet algorithme possède une solution initiale et une température initiale. A chaque itération, une perturbation de la solution courante est effectuée en modifiant la température courante. Si le coût de la nouvelle solution obtenue est inférieur à celui de la solution courante, cette nouvelle solution est gardée, sinon une fonction de probabilité est utilisée pour décider si cette nouvelle solution peut être conservée ou non. Le degré de l'augmentation de la température influence le taux d'acceptation des mouvements
L'algorithme de Recuit Simulé donne généralement des solutions de bonne

qualité, et il est applicable à la plupart des problèmes d'optimisation. Mais l'aspect expérimental, et non théorique, présent au niveau du réglage de ses paramètres présente l'inconvénient majeur de cet algorithme.

Cette approche est basée sur trois étapes (Figure.2.1). La 1ère étape consiste à charger les objets demandés par chaque client à part. Cette séparation de chargement est due à la dureté du problème de chargement à 3 dimensions : il est impossible de vérifier la faisabilité du chargement à chaque étape de l'algorithme en un temps raisonnable. L'exécution des heuristiques de cette étape donne des solutions de chargement en 2 dimensions. Ces solutions sont composées de la solution optimale qui utilise l'espace minimal, et d'autres bonnes solutions rencontrées durant la recherche.

FIGURE 2.1 – Les trois étapes de l'approche

La 2ème étape consiste à fusionner les solutions obtenues à partir de la 1ère étape afin de réduire la complexité du problème. La complexité est réduite en évaluant les fusions par couple de clients. Le but est d'étudier la meilleure paire de clients réalisable (celle dont le résultat de fusion possède la profondeur minimale) en prenant en considération toutes les solutions obtenues au niveau de la phase précédente. Toutes les paires faisables sont stockées dans un tableau qui sera utilisé en entrée dans l'étape suivante

La 3ème et dernière étape est l'exécution du recuit simulé pour résoudre la partie de routage des véhicules. Une fois une route est retrouvée, les heuristiques vérifient sa faisabilité en étudiant le chargement tout en assurant que la somme des longueurs du couplage des objets ne dépasse pas la longueur du véhicule. A chaque itération, l'algorithme remplace la solution courante par une solution proche aléatoire choisie en utilisant une probabilité qui dépend de la différence entre les valeurs des fonctions correspondantes, et d'un paramètre global T qui représente la température au niveau du Recuit Simulé. Ce paramètre est diminué peu à peu durant le processus. Pour réduire les coûts totaux de la réduction des nombres de véhicules utilisés, cette approche sélectionne aléatoirement un client d'une route et le déplace à une autre route, puis diminue le paramètre de température. Ce processus est répété jusqu'à rencontrer un critère d'arrêt.

L'application du Recuit Simulé au niveau du problème de 3L-CVRP peut résoudre des instances contenant plus que 100 clients en moins de 90 secondes

Une autre méthode parmi celles utilisées pour la résolution du problème de 3L-CVRP, une hybridation entre la méta-heuristique Recherche Tabou et le mécanisme de guidage Guided Local Search (GLS) présentée par [CEC09]. Cette approche présente une adaptation de la méthode de [ECC09] présenté dans la section 1.4, pour la résolution du problème de 2L-CVRP

Les heuristiques de chargements utilisées dans cette approche sont les mêmes que celles utilisées pour le problème de 2L-CVRP mais en prenant en considération de l'aspect de 3 dimensions, et les contraintes supplémentaires qui concernent le chargement 3D. Donc l'adaptation des heuristiques engendre six nouvelles heuristiques de chargement tridimensionnel :

1. *BackLeftLow (H1)* : Choisir la position ayant la coordonnée minimale au niveau de l'axe parallèle à la longueur du véhicule.

2. *LeftBackLow (H2)* : Choisir la position ayant la coordonnée minimale au niveau de l'axe parallèle à la largeur du véhicule.

3. *MaxTouchingAreaW (H3)* : Choisir la position qui maximise la somme des surfaces en commun entre l'objet et les objets déjà chargés et l'espace de chargement (Figure.2.2). La surface inférieure de l'objet n'est pas prise en compte. Dans le cas d'égalité au niveau de la somme des surfaces, choisir la position ayant la valeur minimale sur l'axe parallèle à la largeur du véhicule

4. *MaxTouchingAreaNoWallsW (H4)* : Cette heuristique fonctionne comme l'heuristique précédente mais sans prendre en considération les surfaces en commun avec le véhicule (Figure.2.3)

5. *MaxTouchingAreaL (H5)* : Le même principe que l'heuristique H3, mais la différence consiste à choisir le point ayant la coordonnée minimale au niveau de l'axe parallèle à la longueur du véhicule dans le cas d'égalité de la somme des surfaces.

6. *MaxTouchingAreaNoWallsL (H6)* : cette dernière heuristique possède le même comportement que l'heuristique précédente mais sans prendre en considération les surfaces en communs avec l'espace de chargement du véhicule

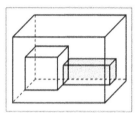

FIGURE 2.2 – La surface de contact entre les objets et le véhicule

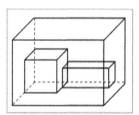

FIGURE 2.3 – MaxTouchingAreaNoWallsW

L'ensemble des objets est trié dans l'ordre décroissant de visite des clients, et dans l'ordre croissant de fragilité. Les objets qui correspondent à un même client et possèdent le même degré de fragilité sont triés dans trois types d'ordres : dans l'ordre décroissant de leurs volumes, de leurs surfaces inférieures, et leurs hauteurs.

En appliquant une heuristique de chargement H(i) lors du chargement du véhicule, une liste contenant les positions disponibles est mise à jour. Si le chargement des objets triés dans le 1er type d'ordre est faisable, la route choisie est considérée faisable au niveau du chargement des objets dans les véhicules. Si pour un seul objet aucune position faisable n'est disponible, l'espace de chargement est vidé et l'heuristique de chargement suivante H(i+1) est appliquée. Si aucune des heuristiques de chargement ne donne de solution faisable, le chargement des objets se fait dans le 2ème type d'ordre. Si aucun chargement faisable n'est trouvé en utilisant les 3 types d'ordre, la route est considérée infaisable au niveau du chargement des objets.

Lors de la construction de la solution initiale, il faut assurer que la solution est faisable en maximisant le volume utilisé des espaces de chargement. La construction commence par construire des routes vides (ne passent par aucun client) pour chaque véhicule. Le processus procède par attribuer successivement les clients aux routes. L'insertion d'un client dans une route dépend de l'espace disponible dans le véhicule correspondant à cette route, il s'agit de choisir la route qui correspond au véhicule ayant l'espace de chargement disponible minimal. Cette insertion se fait dans le point qui minimise l'augmentation de la fonction objectif. Si la méthode de construction de la solution initiale ne donne pas de solution faisable, des véhicules supplémentaires sont ajoutés à l'ensemble des véhicules disponibles.

Au niveau de l'exploration du voisinage, cette approche utilise 3 structures de voisinage : Le déplacement d'un client de sa position courante à une autre en prenant en considération chaque réinsertion possible, l'échange des positions de deux clients en prenant en considération toutes les paires de clients possibles, et l'échange de deux routes (2-opt). Cette dernière dépend des deux routes concernées : si le mouvement est appliqué au sein d'une seule route, deux arcs sont supprimés et deux autres sont créés, et si le mouvement est appliqué sur deux routes différentes, supprimer deux arcs appartenant chacune à une route et les remplacer en liant un client de la 1ère route aux clients de la 2ème route et vice versa (Figure.2.4)

Au niveau de l'application du TS et le mécanisme de guidage GLS, cette approche fonctionne exactement comme l'approche développée par [MMGS08], décrite dans le chapitre précédent, pour la résolution du problème de 2L-CVRP. Au niveau des stratégies d'accélération du processus, cette approche utilise les mêmes stratégies présentées au niveau du processus de résolution du problème de 2L-CVRP.

En 2010, [GKRM10] ont présenté une approche basée sur la métaheuristique ACO. Cette approche est une extension de celle présentée dans la section 1.4 [GKRM09] pour résoudre le problème de 2L-CVRP.

Au niveau du chargement des véhicules, les heuristiques de chargement Bottom-Left Fill et Touching Perimeter Algorithm (section 1.4) sont utilisées en prenant en compte la possibilité de rotation des objets sur le plan w-l. Le nombre de véhicules nécessaires est déterminé en utilisant la méthode de définition de la borne inférieure [MJD07].

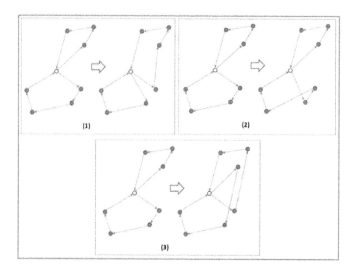

FIGURE 2.4 – Les différentes structures d'exploitation du voisinage

L'exécution de cette approche est basée sur la méthode Standard Savings-based ACO utilisée pour la résolution du problème de 2L-CVRP. Au niveau du problème de 3L-CVRP, une autre mesure de visibilité est considérée avec la valeur savings liée au chargement : elle s'agit de combiner les routes qui correspondent aux véhicules ayant un espace libre minimal entre les objets (trous). Plus l'espace est minimal et plus la valeur de la visibilité augmente. La probabilité de choisir et combiner deux routes dépend de la valeur savings et le taux de phéromone présent au niveau des deux routes.

Le voisinage est étudié selon la qualité de fusion des routes en respectant les contraintes de chargement des objets. La mise à jour de la phéromone n'est permise que pour les solutions qui utilisent un nombre de véhicules inférieur ou égal au nombre de véhicules disponibles. Dans le cas où le poids total des objets dépasse la capacité de tous les véhicules, un petit dépassement de la capacité au niveau du chargement est permis et ce dépassement est pénalisé durant la recherche locale.

En 2012, [QQKL12] ont eu recours à une hybridation entre les 2 méta-heuristiques TS au niveau du chargement et l'Algorithme Génétique (GA) au niveau du VRP (Ruan et al. 2011).

Un ensemble de solutions initiales de la partie de routage est créé par une heuristique constructive Sweep qui consiste à parcourir circulairement les clients en insérant successivement chaque client à la fin de la route courante, et si cette insertion est irréalisable, une nouvelle route est créée. Ces solutions sont considérées comme une population initiale au niveau de l'algorithme GA.

Ce dernier est inspiré de la théorie de l'évolution de Darwin. Il est basé sur des opérateurs de diversification de la population. Le rôle de ces opérateurs est de recomposer les gènes d'individus de la population (opérateur de croisement), et de garantir l'exploration de l'espace de recherche (opérateur de mutation)

L'amélioration de la population consiste à choisir deux solutions aléatoirement et appliquer la procédure de croisement à deux points pour obtenir deux solutions enfants. Une solution enfant est supprimée si elle est identique à une solution existante dans la population, ou si sa valeur fitness n'est pas meilleure que celle de ses parents, ou si elle viole les contraintes de capacité. Cette solution n'est gardée dans la population que si sa valeur est meilleure que celle de ses parents et par conséquent, les valeurs fitness de tous les membres de la population seront recalculées et celui ayant la plus mauvaise valeur est remplacé par une solution enfant. Pour améliorer les solutions, une mutation est appliquée durant ce processus.

Au niveau de la partie de chargement de véhicules, deux heuristiques de chargements sont appliquées et les solutions obtenues sont améliorées par l'algorithme TS si elles ne sont pas faisables. Lors de l'application du TS, les objets sont divisés en deux types : ceux qui sont chargés complètement dans le véhicule, et ceux qui sont chargés partiellement. Une liste tabou est créée pour chaque type d'objets. Pour améliorer la solution courante, un échange de position entre deux objets appartenant chacun à un type est effectué. Le processus s'arrête lorsqu'un chargement faisable est obtenu.

Une autre approche utilisée pour la résolution du problème de 3L-CVRP consiste à hybrider l'algorithme TS au niveau de la partie de routage avec un algorithme d'arbre de recherche au niveau du chargement des objets ([A12])

Au niveau du routage, l'algorithme TS est basé sur 2 phases, l'une pour minimiser le nombre de véhicules utilisés dans la solution initiale, et la 2ème pour minimiser le trajet total parcouru. La solution initiale est générée aléatoirement. Pour améliorer cette solution, quatre types de mouvements sont appliqués : échange de deux clients de deux routes différentes, déplacer un client d'une route à une autre route, échanger deux clients de la même route, et modifier la position d'un client au sein d'une seule route. Durant l'exécution de l'algorithme, ces mouvements ne sont pas appliqués simultanément. Après avoir appliqué un des mouvements, le sens inverse du mouvement exécuté est déclaré tabou et la liste des mouvements tabous est mise à jour. Ce processus s'arrête si un temps d'exécution limite est dépassé, ou un nombre d'itération maximal est atteint.

Au niveau du chargement, l'algorithme d'arbre de recherche s'exécute en utilisant la méthode "profondeur d'abord". Chaque nœud de cet arbre se compose de 3 parties : une solution partielle (l'ensemble des objets déjà placés, leurs positions et leurs orientations), liste des objets non encore placés, et la liste des positions disponibles. L'algorithme de recherche s'arrête lorsque la solution partielle du nœud courant devient une solution complète. Le choix et le tri des positions disponibles sont traités par deux règles basées sur les objets et les points disponibles. La 1ère règle assure le respect de la politique LIFO, et la 2ème assure le chargement à partir de la partie inférieure gauche du véhicule.

Une autre approche a été présentée récemment par [WHAL12] qui consiste à utiliser deux phases de l'algorithme TS en les hybridant avec deux heuristiques de chargement.

Les deux heuristiques de chargement s'agissent d'une adaptation des heuristiques de chargement bidimensionnel Bottom-Left Fill (burke2004) et Touching Perimeter Algorithm (lodi99). Les heuristiques résultantes appelées Deepest Bottom-Left Fill et Maximum Touching Area consistent à placer un objet dans la position la plus profonde inférieure à gauche, et dans la position qui maximise la surface totale en commun entre lui et les objets déjà placés et l'espace de chargement du véhicule, respectivement.

Des opérateurs de voisinages ont été mis en place pour améliorer la solution obtenue. Ces opérateurs consistent à transférer un client d'une route à une autre (move), 2-opt, échanger l'ordre de visite de deux clients (2-swap), croiser deux routes aléatoires pour en construire deux nouvelles routes, et à diviser une route pour en obtenir deux autres. Chaque opérateur possède une liste tabou. Au niveau des opérateurs 2-opt, 2-swap et l'opérateur de croisement, les deux clients considérés et le numéro de l'itération sont considérés tabous, et au niveau de l'opérateur move, le client déplacé et la route de destination sont enregistrés dans la liste tabou. Par contre, pas de liste tabou nécessaire au niveau de l'opérateur de division.

La solution initiale est obtenue en appliquant l'algorithme savings. Si cette solution est non faisable, la 1ère phase de l'algorithme de TS est exécutée. Elle consiste à trouver une solution faisable à partir de la solution initiale en appliquant soit l'opérateur 2-swap, soit l'opérateur move, soit l'opérateur de croisement. Cette phase est répétée jusqu'à ce qu'une solution faisable soit trouvée, ou jusqu'à ce que le temps d'exécution limite soit atteint. Si après ce temps d'exécution limite aucune solution faisable n'est trouvée, l'approche est considérée défaillante et ne passe pas la 2ème phase du TS. Si une solution faisable est trouvée au niveau de la 1ère phase, la 2ème phase est invoquée. Le but de cette dernière est de minimiser le coût total du trajet parcouru. Durant cette phase, les cinq opérateurs d'exploitation du voisinage sont appliqués.

2.5 Conclusion

Le problème de 3L-CVRP est un problème NP-difficile qui consiste à livrer un nombre d'objets en 3 dimensions à un nombre de clients en satisfaisant un ensemble de critères liés au chargement à 3 dimensions dans des véhicules identiques. Ce problème a été résolu par différentes approches hybrides.

Dans ce chapitre nous avons présenté les caractéristiques du problème de 3L-CVRP en citant les critères à satisfaire et leur formulation mathématique et en décrivant les différentes méthodes utilisées pour sa résolution.

La résolution de la partie de chargement du problème de 3L-CVRP peut être effectuée par différentes heuristiques appliquées pour résoudre d'autres problèmes de chargement tridimensionnel

Chapitre 3

Problème de Bin Packing tridimensionnel

3.1 Introduction

La résolution du problème de 3L-CVRP est composée de la résolution du problème de routage et du problème de chargement à 3 dimensions. Le problème de chargement a été résolu par des heuristiques non utilisés au niveau du problème de 3L-CVRP, mais utilisés pour la résolution du problème de Bin Packing à 3 dimensions.

Dans ce chapitre nous allons présenter le problème de Bin Packing à 3 dimensions et les différentes heuristiques utilisées pour sa résolution.

3.2 Définition

Le problème de chargement à 3 dimensions (3BPP) est un problème NP-difficile [SDD00]. Il consiste à remplir un ensemble de bins de capacité limité au niveau du poids et au niveau de l'espace de chargement par des objets de 3 dimensions. Chaque objet possède un poids, une largeur, une longueur et une hauteur. Le but de ce problème est de minimiser le nombre de bins remplis en respectant un ensemble de contraintes.

Durant le chargement des bins, le placement des objets doit satisfaire l'ensemble des contraintes suivantes :

– *Contrainte de chevauchement :* Les objets placés dans un bin ne se chevauchent pas (Eq.3.2)

- *Contrainte de capacité :* Le poids total de l'ensemble des objets placés dans un bin et l'espace occupé par ces objets ne doivent dépasser la capacité d'un bin au niveau du poids et l'espace de chargement disponible, respectivement (Eq.3.3)
- *Contrainte de contenu :* Chaque objet placé ne doit pas dépasser les bordures du bin (Eq.3.4)
- *Contrainte d'orthogonalité :* Le chargement des objets doit être orthogonal

3.3 Formulation mathématique

Le problème de 3BPP possède n objets à mettre dans ν bins. Chaque bin k est caractérisé par un poids limite noté D, une largeur W, une longueur L et une hauteur H. chaque objet i placé dans un bin k noté I_{ik} est caractérisé par un poids d_i, un volume $vol_i = w_i * l_i * h_i$, une largeur w_i, une longueur l_i et une hauteur h_i.

La fonction objectif du problème est présentée comme suit :

$$F(x) = Min \sum_{k=1}^{\nu} x(k) \ \ tel \ que \ \ x(k) = \begin{cases} 1 & \text{si le bin k est rempli} \\ 0 & \text{sinon} \end{cases} \tag{3.1}$$

Soient X_{ik}, Y_{ik} et Z_{ik} les coordonnées de la position d'un objet i dans un bin k et soient I_{ik} et I_{jk} deux objets placés dans un même bin k. L'ensemble des contraintes est présenté comme suit :

$$\begin{cases} X_{ik} + w_i < X_{jk} & \text{si} \begin{cases} Y_{jk} < Y_{ik} + l_i \\ Z_{jk} < Z_{ik} + h_i \end{cases} \\ \quad\quad ou \\ Y_{ik} + l_i < Y_{jk} & \text{si} \begin{cases} X_{jk} < X_{ik} + w_i \\ Z_{jk} < Z_{ik} + h_i \end{cases} \\ \quad\quad ou \\ Z_{ik} + h_i < Z_{jk} & \text{si} \begin{cases} X_{jk} < X_{ik} + w_i \\ Y_{jk} < Y_{ik} + l_i \end{cases} \end{cases} \tag{3.2}$$

$$\sum_{i=1}^{n} d_i \leq D \quad et \quad \sum_{i=1}^{n} vol_i \leq W.L.H \tag{3.3}$$

$$0 \leq X_{ik} \leq W - w_i \quad et \quad 0 \leq Y_{ik} \leq L - l_i \quad et \quad 0 \leq Z_{ik} \leq H - h_i \qquad (3.4)$$

3.4 Méthodes de résolution

Plusieurs heuristiques de construction ont été appliquées pour la résolution du problème de chargement à 3 dimensions 3BPP. En 2007, deux parmi ces heuristiques ont été présenté par [TGR08] basées sur le principe d'Extreme Point (EP). La génération des EPs consiste à projeter les points d'extrémité d'un objet, c'est-à-dire les points de coordonnées ((x+w), y, z), (x, (y+l), z) et (x, y, (z+h)), sur les axes orthogonaux du bin (Figure.3.1)

Au niveau des deux heuristiques, l'ensemble est trié dans l'ordre décroissant de leurs volumes. La 1ère heuristique appelée Extreme Point-First Fit Decreasing (EP-FFD) consiste à placer un objet dans le 1er bin qui peut le supporter en commençant toujours par le 1er bin créé en respectant les contraintes de chargement. Pour vérifier si un objet peut être placé dans un bin, l'algorithme place l'objet dans tous les EPs existant dans le bin, et s'il peut être accueilli dans plus qu'un point, il serait placé dans la position ayant la plus petite valeur des coordonnées z-y-x. Si aucun bin ne peut accueillir l'objet, un nouveau bin est créé. A chaque ajout d'un objet dans le bin, la liste des EPs disponibles est mise à jour.

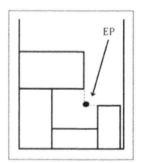

FIGURE 3.1 — Génération d'un Extreme Point [TGR08]

La 2ème heuristique appelée "Extreme Point-Best Fit Decreasing" (EP-BFD) consiste à placer un objet dans un bin selon une fonction "merit" à

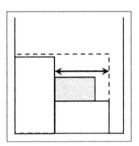

FIGURE 3.2 – Distance entre un EP et l'espace occupé

maximiser qui définit le meilleur bin et la meilleure position dans lesquels l'objet peut être accueilli. Si l'objet peut être placé dans plus qu'un point, la position ayant la valeur maximale de la fonction "merit" est choisie. Le choix du meilleur bin se fait à travers une fonction qui vise à minimiser l'espace restant de l'espace de chargement après avoir placé un objet. Pour chaque EP, l'ensemble de fonctions testées calcule l'augmentation de la taille de l'espace chargé sur les axes de X et Y après avoir placé l'objet. Si l'ajout de cet objet augmente la taille de l'espace occupé quelque soit la position de l'objet, l'EP donnant l'augmentation minimale est choisi tout en pénalisant cette dernière. Sinon l'EP qui minimise la distance entre ses coordonnées et les bords de l'espace occupé est choisi (Figure.3.2).

Une autre fonction mesure l'espace restant (RS) autour d'un EP. Cet espace représente la distance entre l'EP et les bordures du bin au niveau des trois axes. Le but de cette fonction est de choisir l'EP ayant la différence minimale entre son RS et les dimensions de l'objet à placer.

Une autre heuristique a été présentée en 2008 par [WAM08] appelée Peak Filling Slice Push (Maarouf et al. 2008) basée sur un mécanisme de découpage. Cette heuristique comporte deux étapes. La 1ère étape consiste à découper virtuellement le bin en tranches ayant la même hauteur et la même longueur qu'un bin, et la même largeur du 1er objet placé. Le remplissage de chaque tranche se fait par deux méthodes Peak Filling et Backtracking. Le Peak Filling est une méthode récursive de division consiste à créer, à chaque fois, une nouvelle sous-tranche au dessus de chaque nouvel objet placé et y placer un autre objet. Le placement des objets se fait l'un au dessus de l'autre et le tri des objets se fait dans l'ordre décroissant de leurs tailles. Une pile est créée pour chaque tranche contenant la surface supérieure de chaque objet placé afin de garder une trace des sous-tranches non utilisées.

La méthode de Backtracking est exécutée lorsque le sommet d'un bin est atteint au niveau d'une tranche. Elle consiste à dépiler la pile correspondante à la tranche en question et remplir la partie non utilisée de la surface dépilée. Cette méthode s'arrête lorsque la pile est vide et une nouvelle tranche est créée.

La 2ème étape consiste à compresser les tranches créée en appliquant une méthode "Push" : elle s'agit de pousser les objets d'une nouvelle tranche dans une ancienne tranche sans violer la contrainte de chevauchement et obtenir deux tranches combinées en une large tranche. Le but de cette étape est de minimiser l'espace perdu entre les objets.

En 2010, [AM10] ont présenté une heuristique de chargement appelée Strip Rotation and Compaction Packing (De Almeida et al. 2010). Cette heuristique utilise un arbre binaire pour le traçage des solutions partielles construites à chaque itération. Chaque nIJud possède un fils à droite qui représente un objet et un fils à gauche qui représente la séquence des objets déjà choisis pour être placés. La construction de cet arbre se fait à partir des feuilles et chaque feuille présente un objet en prenant en compte les deux sens de rotation horizontal et vertical. Chaque séquence d'objets est triée dans l'ordre croissant de largeur des objets, et dans l'ordre décroissant de l'hauteur des objets.

A chaque itération, l'objet courant est placé à droite de la solution partielle construite. Une nouvelle solution partielle est considérée comme étant un objet en additionnant les largeurs de la solution partielle et du nouvel objet, et en choisissant la hauteur maximale entre les deux. Ce nouvel objet est inséré dans la séquence des objets du nœud appartenant au niveau directement supérieur.

Une autre heuristique présentée en 2011 par [ZSW+11] basée sur la défragmentation de l'espace de chargement du bin (Zhang et al. 2011). Le principe de cette heuristique est de déplacer les objets qui se chevauchent avec un objet à placer dans une position bien déterminée en les poussant de leurs positions initiales. Le placement des objets se fait dans les EPs construits à chaque ajout d'un objet et selon la stratégie First Fit. La transition des objets est basée sur un ensemble d'opérateurs.

S'il existe un espace suffisant pour placer un objet et son placement est infaisable même en appliquant les opérateurs de transition, une procédure appelée "Inflate-Replace" serait exécutée. Cette dernière est basée sur un "gonflement" virtuel d'un objet qui engendre une transition des objets qui l'entoure. Si le volume de l'objet après son gonflement devient supérieur à celui de l'objet courant, ce dernier est remplacé par l'objet courant. Si le placement de l'objet reste infaisable, un nouveau bin est créé.

Après avoir placé un objet, une procédure "normalize" est appliquée afin de déplacer tous les objets le plus près possibles de l'origine en les translatant au niveau des trois axes jusqu'à ne plus avoir d'espace pour la translation.

La solution obtenue est améliorée en utilisant une méthode de mixage des bins remplis. Cette méthode consiste à décharger le bin ayant le plus petit espace occupé, désordonner les bins et insérer les objets déchargés aléatoirement dans les bins. Si le nombre de bins obtenu est inférieur au nombre de bins initial alors la solution est améliorée avec succès, sinon répéter le mixage des bins et répéter la procédure.

3.5   Conclusion

Le problème de Bin Packing à 3 dimensions est un problème NP-difficile. Plusieurs méthodologies de construction ont été appliquées pour résoudre ce problème.

Dans ce chapitre nous avons présentés le problème de chargement à 3 dimensions en définissant sa fonction objectif et les contraintes à respecter et en présentant l'ensemble des heuristiques présentées dans la littérature et qui peuvent être utilisées pour la résolution de la partie de chargement au niveau du problème de 3L-CVRP

Deuxième partie

Approche Multi-Agent Pour Résoudre Le Problème De 3L-Cvrp

Chapitre 4

Approche coopérative multi-agent pour le 3L-CVRP

4.1 Introduction

Dans ce chapitre, nous présentons un système multi-agent dédié au problème de chargement de 3L-CVRP. L'ensemble des agents du système coopèrent ensemble dans le but d'obtenir un chargement faisable avec un nombre minimal de véhicules occupés. Donc, chaque agent de ce système est appelé à exécuter un algorithme de chargement. En effet, il est plus facile de déterminer un chargement faisable qui minimise le nombre de véhicules utilisés en exécutant différentes heuristiques en parallèle.

Dans les prochaines sections, nous présentons la conception du système multi-agent développé. Ces sections sont réparties comme suit : une 1re section présentant l'architecture du système, la 2me section présente le fonctionnement global du système et des agents, et la dernière section présente la dynamique globale

4.2 Architecture du système multi-agent

Dans cette section, nous présentons l'architecture du système multi-agent proposé pour le 3L-CVRP. Le système est composé de six agents exécutant chacun une heuristique de chargement. Donc notre système est composé des agents suivants :

- Agent_DBLF : Cet agent est responsable de l'exécution de l'algorithme Deepest-Bottom-Left Fill [WHAL12]. Il exécute l'algorithme en utilisant un ordre de tri aléatoire des objets.

- *Agent_MTA* : Le rôle de cet agent est d'exécuter l'algorithme Maximum Touching Area [WHAL12]. Il prend comme entrée l'ensemble des objets de chaque client dans un ordre aléatoire

- *Agent_PFSP* : Cet agent est appelé à exécuter l'heuristique de chargement Peak Filling Slice Push [WAM08]. L'ordre de tri utilisé des objets est aléatoire.

- *Agent_SRC* : Cet agent exécute l'algorithme de chargement Strip Rotation and Compaction [AM10] en utilisant un ordre de tri des objets aléatoire

- *Agent_EP-FFD* : Le rôle de cet agent est d'exécuter l'heuristique de chargement Extreme Point-First Fit Decreasing [TGR08]. Cet algorithme utilise un ordre de tri des objets décroissant selon leurs volumes, mais dans notre approche, l'ordre de tri utilisé est aléatoire

- *Agent_EP-BFD* : L'agent exécute l'algorithme Extreme Point-Best Fit Decreasing [TGR08]. Ce dernier utilise aussi un ordre d'objets décroissant selon leurs volumes. Cet ordre sera adapté à notre approche
- *Agent_Coord* : Cet agent est un agent coordinateur. Il est appelé à sélectionner la meilleure solution parmi les différentes solutions trouvées par chaque agent.

Dans ce système multi-agent, un ensemble d'informations est échangé entre les agents. A chaque itération, cet échange est effectué entre les différents agents qui exécutent les heuristiques, et entre l'Agent_ Coord et les autres agents. Donc, l'architecture de ce système est une architecture hiérarchique. Dans le 1er niveau de cette architecture, nous trouvons l'Agent_ Coord, et dans le 2ème niveau, l'ensemble des autres agents (Figure.4.1)

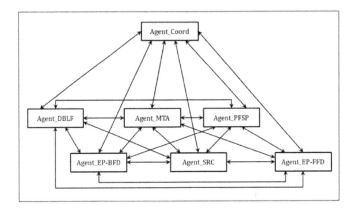

FIGURE 4.1 – Architecture hiérarchique du système

4.3 Description fonctionnelle du système

4.3.1 Fonctionnement global

L'algorithme présenté ci-dessous décrit le fonctionnement du système multi-agent

1. Initialiser (ordreArret:=Faux) et (stagnation:=Faux)
2. Liste:=Tri des objets aléatoire
3. Tant que (ordreArret==Faux) Faire
   (a) Charger les objets dans les véhicules
   (b) Echanger les solutions entre les agents et l'Agent_ Coord
   (c) Sol:=Solution ayant le nombre minimal de véhicules occupés
   (d) Si (stagnation==Vrai)
       i. ordreArret:=Vrai
   (e) Sinon Liste:=tri utilisé pour trouver Sol
4. Afficher Solution Finale

Au début de l'algorithme, une variable booléenne (ordreArret) est initialisée à Faux. Elle représente l'envoi d'un message de l'Agent_Coord aux autres agents. Ce message empêche les autres agents de passer à une autre itération. La liste des objets de chaque client est générée aléatoirement (ligne 2)

Tant que les agents n'ont pas reçu un ordre d'arrêt (ligne 3), chacun d'eux exécute l'heuristique de chargement qui lui est affectée (ligne 3.1). A la fin de l'exécution de l'algorithme, chaque agent envoie la solution trouvée aux autres agents et à l'Agent_Coord (ligne 3.2). Ensuite, L'Agent_Coord envoie aux autres agents un accusé pour qu'ils puissent passer à l'itération suivante (ligne 3.3). En passant à l'itération suivante, les agents prennent comme entrée l'ordre de tri qui a donné un nombre minimal de véhicules (ligne 3.5). Si à chaque fin d'itération l'ordre de tri envoyé à l'Agent_Coord est stable (ligne 3.4), l'Agent_Coord envoie un ordre d'arrêt aux agents (ligne 3.4.1) et affiche la solution finale.

4.3.2   Fonctionnement des agents

Dans ce système, il existe deux catégories d'agents : l'Agent_Coord et les autres agents qui exécutent les algorithmes de chargement (Agent_Algo) L'ensemble des connaissances statiques et dynamiques des agents et leurs comportements sont présentés comme suit :

Agent_DBLF

– *Connaissances statiques*

　　list_objets : L'ensemble des objets à charger dans les véhicules

　　h_objet : L'hauteur de chaque objet

　　w_objet : La largeur de chaque objet

　　l_objet : La longueur de chaque objet

　　frag_objet : Le degré de fragilité de chaque objet

　　cl_objet : Le client correspondant à chaque objet

　　ordre_cl : L'ordre de visite des clients

　　nb_vehicule : Le nombre de véhicules disponibles

　　H_vehicule : La hauteur maximale d'un véhicule

　　W_vehicule : La largeur maximale d'un véhicule

　　L_vehicule : La longueur maximale d'un véhicule

– *Connaissances dynamiques*

Nb_vehicule_occ : Le nombre de véhicules remplis

H_max : La hauteur atteinte par l'espace occupé par véhicule

W_max : La largeur atteinte par l'espace occupé par véhicule

L_max : La longueur atteinte par l'espace occupé par véhicule

EPs : Liste des Extreme Points obtenus après l'ajout de chaque objet

Obj_tries : L'ordre de placement des objets dans chaque véhicule

– *Comportement*

L'Agent_DBLF exécute l'heuristique Deespest-Bottom-Left Fill en prenant en entrée une liste des objets triés dans un ordre aléatoire. Puis, il envoie aux autres agents le nombre de véhicules occupés et l'ordre utilisé des objets. Il envoie aussi ces informations et la position de chaque objet à l'Agent_Coord. S'il reçoit un message de l'Agent_Coord contenant un accusé, il tire de l'ensemble des informations reçues la solution qui a le nombre minimal de véhicules occupés. Puis, il en tire l'ordre utilisé des objets et l'utilise comme entrée dans la nouvelle itération. Si cet agent possède le nombre minimal de véhicules, il garde sa liste des objets comme entrée pour l'itération qui suit. S'il trouve plus qu'une solution ayant un nombre minimal de véhicules, il choisit une d'elles aléatoirement. Si le message reçu contient un ordre d'arrêt, l'Agent_DBLF n'exécute plus l'heuristique.

Agent_MTA

– *Connaissances statiques*

list_objets : L'ensemble des objets à charger dans les véhicules

h_objet : La hauteur de chaque objet

w_objet : La largeur de chaque objet

l_objet : La longueur de chaque objet

frag_objet : Le degré de fragilité de chaque objet

cl_objet : Le client correspondant à chaque objet

ordre_cl : L'ordre de visite des clients

nb_vehicule : Le nombre de véhicules disponibles

H_vehicule : La hauteur maximale d'un véhicule

W_vehicule : La largeur maximale d'un véhicule

L_vehicule : La longueur maximale d'un véhicule

– *Connaissances dynamiques*

Nb_vehicule_occ : Le nombre de véhicules remplis

H_max : La hauteur atteinte par l'espace occupé par véhicule

W_max : La largeur atteinte par l'espace occupé par véhicule

L_max : La longueur atteinte par l'espace occupé par véhicule

EPs : Liste des Extreme Points obtenus après l'ajout de chaque objet

Obj_tries : L'ordre de placement des objets dans chaque véhicule

– *Comportement*

D'abord, L'Agent_MTA exécute l'heuristique Maximum Touching Area en utilisant une liste d'ordre aléatoire des objets. Ensuite, il envoie aux autres agents le nombre de véhicules occupés et l'ordre de placement des objets. Il envoie aussi ces informations et la position de chaque objet à l'Agent_Coord. S'il reçoit un message de l'Agent_Coord contenant un accusé, il vérifie s'il existe parmi les solutions reçues une qui possède un nombre de véhicules inférieur à celui de sa solution. Si elle en existe, il en tire l'ordre utilisé des objets et l'utilise comme entrée dans la nouvelle itération.

Si la solution de cet agent possède le nombre minimal de véhicules, il utilise le même ordre de tri des objets pour l'itération qui suit. S'il existe plus qu'une solution qui possède un nombre de véhicules minimal, l'Agent_MTA choisit une d'elles aléatoirement. Si le message reçu contient un ordre d'arrêt, l'Agent_MTA n'exécute plus l'algorithme.

Agent_PFSP

– *Connaissances statiques*

list_objets : L'ensemble des objets à charger dans les véhicules

h_objet : La hauteur de chaque objet

w_objet : La largeur de chaque objet

l_objet : La longueur de chaque objet

frag_objet : Le degré de fragilité de chaque objet

cl_objet : Le client correspondant à chaque objet

ordre_cl : L'ordre de visite des clients

nb_vehicule : Le nombre de véhicules disponibles

H_vehicule : La hauteur maximale d'un véhicule

W_vehicule : La largeur maximale d'un véhicule

L_vehicule : La longueur maximale d'un véhicule

– *Connaissances dynamiques*

Nb_vehicule_occ : Le nombre de véhicules remplis

H_max : La hauteur atteinte par l'espace occupé par véhicule

W_max : La largeur atteinte par l'espace occupé par véhicule

L_max : La longueur atteinte par l'espace occupé par véhicule

EPs : Liste des Extreme Points obtenus après l'ajout de chaque objet

Obj_tries : L'ordre de placement des objets dans chaque véhicule

Tab_Tranch : L'ensemble des tranches créées

W_tranch : La largeur de chaque tranche

X_Tranch : Le point de début de chaque tranche

– *Comportement*

L'Agent_PFSP exécute l'heuristique Peak Filling Slice Push en prenant en entrée une liste des objets triés aléatoirement. Puis, il envoie aux autres agents le nombre de véhicules occupés et l'ordre utilisé de placement des objets. Il envoie aussi ces informations et la position de chaque objet à l'Agent_Coord. S'il ne reçoit pas un ordre d'arrêt, il tire de l'ensemble des solutions reçues celle qui a le nombre minimal de véhicules occupés. Puis, il en tire l'ordre utilisé des objets et l'utilise pour exécuter son algorithme dans la nouvelle itération.

Si la solution trouvée par cet agent possède le nombre minimal de véhicules, il garde le même ordre de placement des objets. Si l'Agent_PFSP trouve plus qu'une solution ayant un nombre minimal de véhicules, il en choisit une aléatoirement. S'il reçoit un ordre d'arrêt, l'Agent_PFSP stoppe son processus.

Agent_SRC

– *Connaissances statiques*

list_objets : L'ensemble des objets à charger dans les véhicules

h_objet : La hauteur de chaque objet

w_objet : La largeur de chaque objet

l_objet : La longueur de chaque objet

frag_objet : Le degré de fragilité de chaque objet

cl_objet : Le client correspondant à chaque objet

ordre_cl : L'ordre de visite des clients

nb_vehicule : Le nombre de véhicules disponibles

H_vehicule : La hauteur maximale d'un véhicule

W_vehicle : La largeur maximale d'un véhicule

L_vehicle : La longueur maximale d'un véhicule

– Connaissances dynamiques

Nb_vehicule_occ : Le nombre de véhicules remplis

H_max : La hauteur atteinte par l'espace occupé par véhicule

W_max : La largeur atteinte par l'espace occupé par véhicule

L_max : La longueur atteinte par l'espace occupé par véhicule

EPs : Liste des Extreme Points obtenus après l'ajout de chaque objet

Obj_tries : L'ordre de placement des objets dans chaque véhicule

Séq_objets : L'ensemble des solutions partielles sous forme d'arbre binaire

– Comportement

Premièrement, L'Agent_SRC exécute l'heuristique Strip Rotation and Compaction. Puis, il envoie aux autres agents le nombre de véhicules occupés et l'ordre de tri utilisé des objets. Il envoie aussi ces informations et l'emplacement de chaque objet à l'Agent_Coord. S'il reçoit un accusé de la part de l'Agent_Coord, il tire l'ordre utilisé dans la solution ayant un nombre minimal de véhicules et l'utilise pour exécuter son algorithme dans la nouvelle itération.

Si la solution de l'agent possède le nombre minimal de véhicules, il utilise le même ordre de tri des objets comme entrée pour l'itération qui suit. Si l'Agent_SRC reçoit plus qu'une solution ayant un nombre minimal de véhicules, il en choisit une aléatoirement. S'il reçoit un ordre d'arrêt de la part de l'Agent_Coord, il n'exécute plus son algorithme.

Agent_EP-FFD

– Connaissances statiques

list_objets : L'ensemble des objets à charger dans les véhicules

h_objet : La hauteur de chaque objet

w_objet : La largeur de chaque objet

l_objet : La longueur de chaque objet

frag_objet : Le degré de fragilité de chaque objet

cl_objet : Le client correspondant à chaque objet

ordre_cl : L'ordre de visite des clients

nb_vehicule : Le nombre de véhicules disponibles

H_vehicule : La hauteur maximale d'un véhicule

W_vehicule : La largeur maximale d'un véhicule

L_vehicule : La longueur maximale d'un véhicule

Ordr_vehicule : L'ordre du véhicule dans la liste des véhicules disponibles

– *Connaissances dynamiques*

Nb_vehicule_occ : Le nombre de véhicules remplis

H_max : La hauteur atteinte par l'espace occupé par véhicule

W_max : La largeur atteinte par l'espace occupé par véhicule

L_max : La longueur atteinte par l'espace occupé par véhicule

EPs : Liste des Extreme Points obtenus après l'ajout de chaque objet

Obj_tries : L'ordre de placement des objets dans chaque véhicule

– *Comportement*

D'obord, l'Agent_EP-FFD exécute l'algorithme Extreme Point-First Fit Decreasing en utilisant un ordre aléatoire des objets. Ensuite, il envoie aux agents le nombre de véhicules occupés et l'ordre utilisé de placement des objets. Il envoie aussi ces informations et les coordonnées de placement des objets à l'Agent_Coord. Si l'Agent_EP-FFD ne reçoit pas un ordre d'arrêt, il tire de l'ensemble des solutions reçues celle qui a le nombre minimal de véhicules occupés. Puis, il en tire l'ordre utilisé des objets et l'utilise pour exécuter son algorithme dans la nouvelle itération.

Si cet agent possède le nombre minimal de véhicules, il garde le même ordre de tri utilisé des objets. Si l'Agent_EP-FFD reçoit plus qu'une solution ayant un nombre minimal de véhicules, il en choisit une aléatoirement. S'il reçoit un ordre d'arrêt, il met fin à son comportement.

Agent_EP-BFD

– *Connaissances statiques*

list_objets : L'ensemble des objets à charger dans les véhicules

h_objet : La hauteur de chaque objet

w_objet : La largeur de chaque objet

l_objet : La longueur de chaque objet

frag_objet : Le degré de fragilité de chaque objet

cl_objet : Le client correspondant à chaque objet

54

ordre_cl : L'ordre de visite des clients

nb_vehicule : Le nombre de véhicules disponibles

H_vehicule : La hauteur maximale d'un véhicule

W_vehicule : La largeur maximale d'un véhicule

L_vehicule : La longueur maximale d'un véhicule

– *Connaissances dynamiques*

Nb_vehicule_occ : Le nombre de véhicules remplis

H_max : La hauteur atteinte par l'espace occupé par véhicule

W_max : La largeur atteinte par l'espace occupé par véhicule

L_max : La longueur atteinte par l'espace occupé par véhicule

EPs : Liste des Extreme Points obtenus après l'ajout de chaque objet

RS_EP : L'espace restant de chaque EP

Obj_tries : L'ordre de placement des objets dans chaque véhicule

– *Comportement*

Au début, l'Agent_EP-BFD exécute l'heuristique Extreme Point-Best Fit Decreasing en utilisant une liste des objets triés aléatoirement. Ensuite, il transmet aux autres agents le nombre de véhicules occupés et l'ordre de tri utilisé. Il envoie aussi les mêmes informations et la position de chaque objet à l'Agent_Coord. Si l'Agent_EP-BFD reçoit juste un accusé de la part de l'Agent_Coord, il tire de la solution, parmi celles reçues, qui a le nombre minimal de véhicules occupés. Puis, il en tire l'ordre utilisé des objets et l'utilise pour exécuter son algorithme dans la nouvelle itération.

Si la solution de cet agent possède le nombre minimal de véhicules, il garde l'ordre de tri de sa liste d'objets. Si l'Agent_EP-BFD reçoit plus qu'une solution ayant un nombre minimal de véhicules, il en choisit une aléatoirement. S'il reçoit un ordre d'arrêt, il n'exécute plus son algorithme

La seule différence entre les agents de type Agent_Algo est l'exécution des algorithmes. La figure ci-dessous présente le comportement de ces agents (Figure4.2)

Agent_Coord

– *Connaissance statiques*

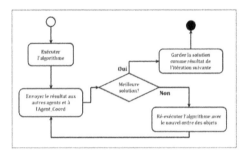

FIGURE 4.2 – Comportement des agents Agent_Algo

Nb_agents : Nombre d'agents présents dans le système

Nb_vehicule : Nombre de véhicules disponibles dans le système

– *Connaissance dynamique*

Nb_vehicule_occ : Nombre de véhicules occupés de la solution choisie

Pos_objet : Les coordonnées de la position finale de chaque objet

– *Comportement*

Le comportement de l'Agent_Coord est différent de celui des autres agents. Après l'exécution des heuristiques par les autres agents, l'Agent_Coord reçoit de chaque agent le nombre de véhicules occupés et la position de chaque objet dans la solution. Parmi ces solutions, il garde celle qui a le nombre minimal de véhicules et envoie aux agents un accusé de réception pour qu'ils puissent passer à l'itération suivante. Après un certain nombre d'itérations, si cet agent se trouve dans un état de stagnation au niveau du choix de la meilleure solution, il envoie un ordre d'arrêt aux agents et choisit cette solution comme solution finale. Si plus qu'une solution possède le nombre minimal de véhicules occupés, l'agent choisit la solution aléatoirement (Figure.4.3)

4.4 Dynamique globale du système

Dans ce système multi-agent, un ensemble d'informations est échangé entre les agents. Chaque Agent_Algo reçoit des autres agents le nombre obtenu de véhicules occupés (Nb_vehicule_occ) et l'ordre utilisé des objets

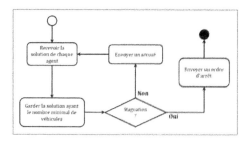

FIGURE 4.3 – Comportement de l'Agent_Coord

lors du chargement (Obj_tries). Ce dernier n'est pas le même au niveau de toutes les heuristiques puisque le choix des objets lors de l'exécution des algorithmes est aléatoire.

Après avoir exécuté les heuristiques, chaque agent envoie à l'Agent_Coord le nombre trouvé de véhicules occupés (Nb_vehicule_occ) et les coordonnées des positions des objets (Pos_objet). En recevant ces informations, l'Agent_Coord envoie un accusé de réception aux Agent_Algo. Cet accusé n'est envoyé que si l'Agent_Coord reçoit toutes les solutions de tous les agents.

Si la solution choisie par l'Agent_Coord, dans chaque itération, est stable, il envoie un ordre d'arrêt aux Agent_Algo. Sinon, il envoie un accusé et les agents ré-exécutent les heuristiques. L'Agent_Algo ayant la meilleure solution renvoie sa solution courante à l'Agent_Coord comme étant la solution de l'itération suivante.

Tous les agents possèdent un ensemble de méthodes pour effectuer l'échange des informations. Ces méthodes sont les mêmes pour les Agent_Algo :

– *ExecuterAlgo ( )* : Cette méthode provoque l'exécution de l'heuristique de chargement

– *EchangerInfos ( )* : Cette méthode est exécutée après l'exécution de l'heuristique de chargement. Elle permet d'envoyer et de recevoir le nombre obtenu de véhicules et l'ordre de placement des objets. Elle permet aussi d'envoyer les positions des objets à l'Agent_Coord

– *ChoixSolution ( ) :* Un Agent_Algo exécute cette méthode pour choisir l'ordre de placement des objets qui correspond à la solution ayant le nombre minimal de véhicules occupés. Cet ordre est utilisé lors de l'exécution de l'algorithme dans l'itération suivante.

– *AttendreAccusé ( ) :* Cette méthode permet de recevoir un accusé de réception ou un ordre d'arrêt de la part de l'Agent_Coord. Si le message reçu est un accusé de réception simple, l'agent ré-exécute son algorithme, et s'il s'agit d'un ordre d'arrêt, l'agent met une fin à son comportement

Concernant l'Agent_Coord, l'ensemble des méthodes utilisées durant l'échange des informations consiste à :

– *ChoixSolOpt ( ) :* Cette méthode permet de choisir la meilleure solution parmi celles envoyées par les autres agents

– *EnoyerMsg( ) :* L'agent_Coord envoie un accusé de réception aux Agent_Algo pour qu'ils puissent ré-exécuter leurs heuristiques, ou un ordre d'arrêt s'il se trouve dans un état de stagnation

– *AfficherSol ( ) :* Cette méthode n'est exécutée qu'après l'envoi d'un ordre d'arrêt à tous les agents. Elle affiche les positions finales des objets

Pour présenter l'ensemble des interactions entre les agents, nous considérons seulement les agents Agent_DBLF, Agent_MTA, Agent_PFSP, et l'Agent_Coord. La Figure.4.4 schématise la séquence d'échange des informations entre les agents

4.5 Conclusion

Dans ce chapitre, nous avons présenté la modélisation du système multi-agent dédié à résoudre le problème de chargement au niveau de 3L-CVRP. Les agents de ce système coopèrent ensemble pour trouver un chargement faisable avec un minimum de véhicules occupés. Pour ce faire, les agents s'échangent des informations afin de se guider mutuellement vers une solution meilleure. Les détails de cette coopération sont présentés dans le prochain chapitre

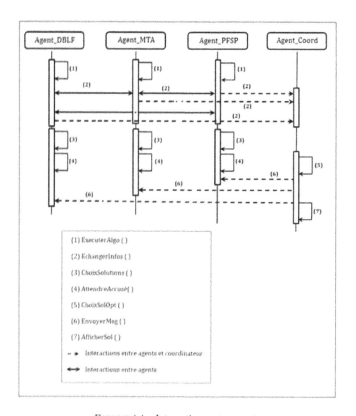

FIGURE 4.4 – Interactions entre agents

Chapitre 5

Résolution du problème de 3L-CVRP

5.1 Introduction

Pour être appliqué au problème de chargement de 3L-CVRP, les algorithmes dédiés au 3BPP doivent respecter l'ensemble des contraintes liés au problème de 3L-CVRP. Un ensemble de modifications est effectué au niveau des heuristiques de chargement à appliquer.

Dans ce qui suit, nous présentons les modifications appliquées au niveau des heuristiques de chargement afin de les adapter au problème de 3L-CVRP. Puis nous décrivons les étapes d'exécution de ces algorithmes.

5.2 Adaptation des heuristiques au problème de 3L-CVRP

Plusieurs heuristiques présentées dans la littérature pour la résolution du problème de chargement à 3 dimensions n'ont pas été adaptés au problème de 3L-CVRP. Dans cette section nous allons adapter un ensemble de ces heuristiques avec les heuristiques déjà utilisées pour la résolution de la partie de chargement au niveau du problème de 3L-CVRP.

Dans la littérature, deux heuristiques de chargement à 3 dimensions ont été adaptés pour résoudre le problème de 3L-CVRP [WHAL12]. Puisque ces deux heuristiques ne considèrent que les points de coin et dans le but d'améliorer les résultats obtenus après leur exécution, les Extreme Points sont pris en considération, dans notre approche, lors du placement des objets. Ces 2 heuristiques s'agissent de la Figure.5.1 :

Deepest-Bottom-Left Fill (DBLF) : Cet algorithme consiste à placer l'objet dans le point ayant la plus petite valeur au niveau de l'axe des Y, de l'axe des X et de l'axe des Z. Lors du placement de chaque nouvel objet, une liste des EPs est mise à jour. Cette liste est triée à chaque fois dans l'ordre croissant des coordonnées des points au niveau de Y, de X et de Z. Lors du chargement, un objet est placé dans le 1er point de la liste qui peut l'accueillir en respectant l'ensemble des contraintes de chargement de 3L-CVRP.

Maximum Touching Area (MTA) : Cette heuristique consiste à placer l'objet dans la position qui maximise la surface totale en commun entre l'objet à placer et, les objets déjà placés et l'espace de chargement du véhicule. Une liste d'EPs est aussi mise à jour à chaque ajout d'un objet.

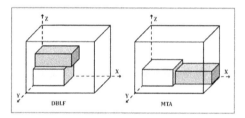

FIGURE 5.1 – DBLF vs MTA

Pour respecter la politique de LIFO, au niveau de ces deux heuristiques, l'ensemble des objets sont triés dans l'ordre inverse de visite des clients et dans l'ordre croissant de fragilité, c'est-à-dire que les objets non fragiles sont placés dans le véhicule avant les objets fragiles dans le but de satisfaire la contrainte de fragilité.

Nous adaptons les autres heuristiques de chargement à 3 dimensions présentées dans la littérature au problème de 3L-CVRP en introduisant les contraintes de chargement liées au 3L-CVRP. Donc lors de l'application de ces heuristiques, le chargement doit respecter les contraintes de fragilité et de support en impliquant la politique LIFO. L'ensemble des heuristiques à adapter dans notre approche est comme suit :

Extreme Point-First Fit Decreasing [TGR08] : Durant cette heuristique, le placement d'un objet se fait dans le 1er véhicule qui peut l'accueillir au niveau des EPs créés à chaque ajout d'un objet. Un client doit être visité par un seul véhicule, donc le véhicule dans lequel un objet va être placé doit contenir déjà des objets appartenant au même client que l'objet en question. Pour cela, une vérification de l'espace restant de l'espace de chargement d'un véhicule est nécessaire pour garantir que les objets qui correspondent à un même client peuvent être chargés dans un même véhicule.

Extreme Point-Best Fit Decreasing [TGR08] : Cette heuristique est une version améliorée de l'heuristique précédente. Le placement d'un objet se fait dans le véhicule qui contient déjà au minimum un objet qui appartient au même client que l'objet courant en optimisant une fonction *merit*. Le calcul de cette dernière vise à tester les positions possibles et en choisir celle qui maximise un ensemble de fonctions. Cet ensemble de fonctions à tester vise à :

– *Minimiser la taille du chargement maximale sur les axes de X et Y*
  Soit un objet k de dimensions w_k, l_k et h_k et un Extreme Point e dans l'espace de chargement de coordonnées x_e, y_e et z_e. Le placement d'un objet dans un point e se fait en minimisant l'augmentation de la taille de l'espace occupé sur les axes de X et Y, donc il s'agit de minimiser les deux fonctions suivantes :

$$F = \begin{cases} x_e + w_k - W_{MP} & \text{si} \quad x_e + w_k > W_{MP} \\ 0 & \text{sinon} \end{cases} \quad sur\ X \quad (5.1)$$

$$F = \begin{cases} y_e + l_k - L_{MP} & \text{si} \quad y_e + l_k > L_{MP} \\ 0 & \text{sinon} \end{cases} \quad sur\ Y \quad (5.2)$$

tel que W_{MP} et L_{MP} présentent les dimensions de l'espace occupé sur X et Y avant le placement de l'objet courant.

– *Uniformiser l'emballage au niveau des axes de X et Y :*
  Si le placement d'un objet augmente la taille de l'espace chargé au niveau des axes de X et Y quelque soit l'EP utilisé, le placement donnant l'augmentation minimale est choisi. Sinon choisir l'EP qui minimise la distance entre les dimensions de l'espace occupé par les objets et l'espace ajouté après avoir placé l'objet courant (Figures.5.2 et 5.3)

$$F = \begin{cases} (x_e + w_k - W_{MP}).C & \text{si} \quad x_e + w_k > W_{MP} \\ W_{MP} - (x_e + w_k) & \text{sinon} \end{cases} \quad sur\ X$$

$$(5.3)$$

$$F = \begin{cases} (y_e + l_k - L_{MP}).C & \text{si} \quad y_e + l_k > L_{MP} \\ L_{MP} - (y_e + l_k) & \text{sinon} \end{cases} \quad \text{sur } Y \quad (5.4)$$

tel que C > maxW, L est la pénalité de l'augmentation de W_{MP} et L_{MP} dût à l'ajout du nouvel objet

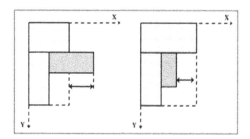

FIGURE 5.2 – La différence à minimiser sur l'axe X

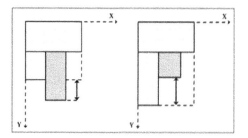

FIGURE 5.3 – La différence à minimiser sur l'axe Y

– *Maximiser l'utilisation de l'espace restant :*
Un espace restant est l'espace libre autour d'un Extreme Point. Cet espace (RS) est mesuré en calculant la distance entre les coordonnées de l'EP et les bords du bin ou les bords du plus près objet (figure). A chaque ajout d'un objet, tous les RS des objets placés sont mis à jour. Cette fonction vise à placer l'objet dans le point qui minimise la différence entre son RS et les dimensions de l'objet

$$F = (RS_e^x - w_k) + (RS_e^y - l_k) + (RS_e^z - h_k) \quad (5.5)$$

63

tel que RS_e^x, RS_e^y et RS_e^z présentent les espaces restants du point e au niveau des axes de X, Y et Z.

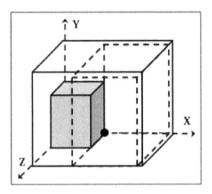

FIGURE 5.4 – L'espace restant d'un EP

Peak Filling Slice Push [WAM08] : Cette heuristique est basée sur un mécanisme de découpage. Ce mécanisme est exécuté à chaque ajout d'un nouvel objet dans l'espace de chargement du véhicule. Cet algorithme s'exécute sur deux étapes : La 1re étape consiste à fragmenter l'espace de chargement du véhicule à des tranches ayant la même hauteur et la même longueur du véhicule, et la même largeur de l'objet placé (Figure.5.5).

Cette 1re étape est basée sur deux méthodes (Figure.5.6) : La 1ère méthode est appelée Peak Filling, et elle consiste à créer une sous-tranche au dessus de chaque objet placé dans le véhicule pour y placer l'objet suivant. Pour chaque tranche, une pile est créée afin de garder la traçabilité des sous-tranches non utilisées. A chaque création d'une sous-tranche, la surface inférieure de cette sous-tranche ainsi que les coordonnées de l'angle le plus profond à gauche sont empilés dans la pile afin de faciliter l'exécution de la 2ème méthode.

La 2me méthode est appelée Backtracking. Elle est exécutée lorsque le sommet de l'espace de chargement est atteint, c'est-à-dire que la méthode de Peak Filling ne peut plus être exécutée. Cette méthode

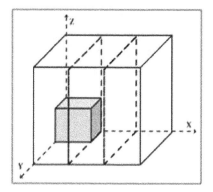

FIGURE 5.5 – Fragmentation du véhicule

consiste à dépiler la pile correspondante à la tranche courante et essayer à chaque fois de remplir l'espace non utilisé de la partie dépilée.

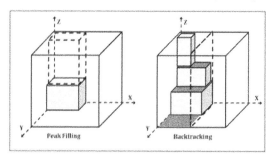

FIGURE 5.6 – Etape 1 de l'algorithme PFSP

Durant cette étape, le tri des objets se fait dans l'ordre inverse de visite des clients et dans l'ordre croissant du degré de fragilité. Donc, puisque nous ne prenons pas en considération la taille de l'objet à placer, nous pouvons combiner deux tranches si l'espace d'une seule tranche est insuffisant pour placer un objet et aussi utiliser les sous-

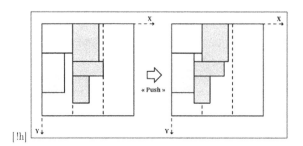

FIGURE 5.7 – Etape 2 de l'algorithme PFSP

tranches formées auparavant et non utilisées entièrement.

Après avoir remplit une nouvelle tranche, la 2ème étape est exécutée en appliquant une méthode appelée "Push" aux objets appartenant à la nouvelle tranche. Cette méthode consiste à pousser ces objets dans une ancienne tranche dans le but de minimiser l'espace perdu entre les objets des différentes tranches (Figure.5.7)

Puisque dans notre approche les objets ne sont pas triés dans l'ordre décroissant de leurs volumes, cette heuristique ne peut pas être appliquée tel qu'elle l'est. Pour l'adapter, le placement des objets se fait comme suit : après la construction d'une tranche, si la largeur du nouvel objet à placer dépasse la largeur de la tranche, une nouvelle tranche est crée. A chaque itération, un objet est placé dans la 1re tranche crée, et une nouvelle tranche n'est crée que si le placement de l'objet dépasse les bords de la dernière tranche crée. Pour exploiter les tranches déjà créées, la méthode Push est exécutée à chaque placement d'un nouvel objet

Strip Rotation and Compaction [AM10] : Cette heuristique permet de tester toutes les combinaisons possibles des objets dans les deux sens d'orientation horizontal et vertical. Elle utilise un arbre binaire pour la traçabilité des différentes solutions possibles à chaque ajout d'un nouvel objet. Le fils à droite de n'importe quel nœud est une feuille qui présente un objet dans ses deux sens d'orientation, et le fils gauche présente un ensemble de solutions possibles sous forme d'une séquence d'objets. Chaque séquence d'objets est triée dans l'ordre croissant de largeur et décroissant de la hauteur. En effet, ces séquences sont construites en considérant un découpage vertical, c'est-à-dire le placement des objets se fait l'un à coté de l'autre, puis en considérant un découpage horizontal, c'est-à-dire les objets sont placés l'un au dessus de l'autre (Figure.5.8)

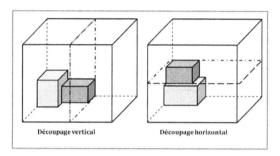

FIGURE 5.8 – Types considérés de découpage

A chaque itération, l'ajout d'un objet se fait en considérant un découpage vertical en additionnant les deux largeurs de l'objet ajouté et de la solution déjà construite, et en choisissant la valeur de la hauteur maximale entre les deux. La solution obtenue à chaque itération est considérée comme étant un nouvel objet et elle est ajoutée à la séquence courante des objets (Figure.5.9). Les objets qui possèdent des dimensions supérieures à celles de l'espace de chargement du véhicule ou qui ne peuvent pas être insérés dans une séquence de solutions sont détruits

Considérons, par exemple, deux objets obj_1 et obj_2 tel que $w_1 = 5$, $h_1 = 15, w_2 = h_2 = 10$. Lors de la construction de l'arbre, ces deux objets sont présentés sous forme de feuille et chaque objet est présenté dans les deux sens d'orientation. La rotation horizontale est celle qui possède la valeur minimale au niveau de la hauteur. Le nœud du niveau directement supérieur contient les solutions possibles de placement des deux objets. La construction de ces solutions prend en compte un découpage vertical, puis un découpage horizontal. La séquence présentée dans le nœud du niveau au-dessus est obtenue comme suit : Puisqu'un découpage vertical est considéré, le placement des objets est obtenu en additionnant les largeurs et en choisissant la hauteur maximale en considérant les deux sens d'orientation, donc nous obtenons les deux

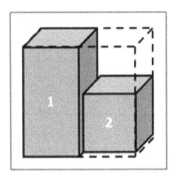

FIGURE 5.9 – Solution partielle sous forme d'objet

solutions (15, 20, V) et (30, 10, V). Les deux autres solutions sont obtenues en considérant un découpage horizontal, donc il suffit de permuter les valeurs de la largeur et de la hauteur des deux solutions précédentes (20, 15, H) et (10, 30, H). Cette séquence de solutions est triée dans le sens croissant de la largeur et décroissant de la hauteur (Figure.5.10

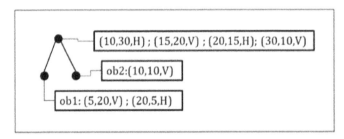

FIGURE 5.10 – Arbre binaire de l'exemple

Dans le but d'améliorer les solutions obtenues par les heuristiques précédentes, nous proposons d'utiliser une méthode présentée par [ZSW+11]. Il s'agit d'appliquer la méthode Normalize (Figure.5.11) : elle s'agit de normaliser l'espace de chargement du véhicule en poussant chaque objet placé le plus proche possible au point d'origine de coordonnées (0, 0, 0)

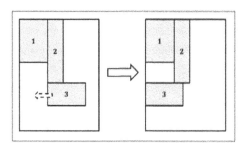

FIGURE 5.11 – La méthode Normalize

5.3 Approche hybride

Dans cette approche, chaque Agent_Algo est appelé à exécuter un algorithme de chargement tridimensionnel. Dans ce qui suit, nous présentons le fonctionnement de trois algorithmes de chargement exécutés par Agent_DBLF, Agent_MTA et Agent_PFSP.

Algorithme DBLF

Début

Initialiser la liste des EPs et la liste des clients du véhicule

Tant que (véhicule non vide==Faux) && (ListeObjets non vide)

1. Si (ListeObjets vide)
   (a) Véhicule non vide:=Vrai
   (b) Incrémenter nombre de véhicules occupés

2. Sinon
   (a) Trier la liste des EPs dans l'ordre croissant de (Y, X, Z)
   (b) Objet placé:=Faux
   (c) Tant que (Objet placé==Faux)
   (d) Si (PlacerObjet(EP) vérifie les contraintes)
       i. Supprimer l'objet placé de la liste des objets
       ii. Ajouter l'objet placé à la liste des objets chargés
       iii. Mettre à jour la liste des clients à servir
       iv. Mettre à jour la liste des EPs
       v. Objet placé:=Vrai
   (e) Sinon passer à l'EP suivant
   (f) Si (Objet placé==Faux)
       i. Véhicule non vide:=Vrai
   (g) Si (Objet placé==Faux) && (véhicule Contient (client(objet)))
       i. Véhicule non vide:=Vrai
       ii. Eliminer les objets du client "client(objet)" du véhicule
       iii. Mettre à jour la liste des objets chargés
   (h) Si (véhicule non vide==Vrai)
       i. Incrémenter nombre de véhicules occupés
       ii. Vider la liste des EPs
       iii. Créer un nouveau véhicule
       iv. véhicule non vide:= Faux

Fin

Le placement des objets se fait dans le point le plus profond à gauche, et pour ce faire, les EPs sont triés dans l'ordre croissant d'Y, X et Z (ligne a). L'objet courant est placé dans le 1er point de la liste qui vérifie les contraintes de chargement de 3L-CVRP (lignes d/e). Lors du placement de l'objet, la liste des objets et la liste des clients à servir par le véhicule courant sont mises à jour (lignes d.i/d.ii./d.iii.). Si l'objet ne vérifie pas les contraintes de chargement quelque soit sa position, le véhicule est considéré non vide (ligne f). Si le véhicule est non vide et sa liste des clients contient le client correspondant à l'objet courant (ligne g), l'ensemble des objets chargés et qui correspondent à ce client sont déplacé à un nouveau véhicule. La liste des clients de ce dernier est mise à jour. Lors de la création d'un nouveau véhicule, la liste des EPs est mise à zéro.

Algorithme MTA

Début

Initialiser la liste des EPs et la liste des clients du véhicule

Tant que (véhicule non vide==Faux) && (ListeObjets non vide)

1. Si (ListeObjets vide)

   (a) Véhicule non vide:=Vrai

   (b) Incrémenter nombre de véhicules occupés

2. Sinon

   (a) Objet placé:=Faux

   (b) Calculer la surface de contact dans les 2 sens d'orientation à chaque EP

   (c) Les trier dans le sens décroissant de la valeur de contact

   (d) Tant que (Objet placé==Faux)

      i. EP = le point ayant la valeur de contact maximale

      ii. Si (PlacerObjet(EP) vérifie les contraintes)

         A. Supprimer l'objet placé de la liste des objets

         B. Ajouter l'objet placé à la liste des objets chargés

         C. Mettre à jour la liste des clients à servir

         D. Mettre à jour la liste des EPs

         E. Objet placé:=Vrai

      iii. Sinon passer à l'EP suivant

   (e) Si (Objet placé==Faux)

      i. Véhicule non vide:=Vrai

   (f) Si (Objet placé==Faux) && (véhicule Contient (client(objet)))

      i. Véhicule non vide:=Vrai

      ii. Eliminer les objets du client "client(objet)" du véhicule

      iii. Mettre à jour la liste des objets chargés

   (g) Si (véhicule non vide==Vrai)

      i. Incrémenter nombre de véhicules occupés

      ii. Vider la liste des EPs

      iii. Créer un nouveau véhicule

      iv. véhicule non vide:= Faux

Fin

Au niveau de cet algorithme, le placement d'un objet se fait dans le point qui maximise le degré de contact entre l'objet courant et, les objets déjà chargé et le véhicule. Pour trouver ce point, l'algorithme calcule toutes les valeurs du degré de contact d'un objet dans les deux sens d'orientation et dans tous les EPs (ligne b). Ces valeurs sont mises dans une liste avec les EPs correspondants et triées dans l'ordre décroissant (ligne c). Le placement d'un objet se fait par le 1er EP de cette liste (ligne d.i). Si ce placement vérifie les contraintes de 3L-CVRP, la liste des objets et des clients correspondants au véhicule sont mises à jour (ligne d.ii). Si la liste des valeurs est parcourue et aucun EP ne vérifie les contraintes de chargement, le véhicule est considéré non vide (ligne e). Si le véhicule est non vide et il contient des objets qui appartiennent au client courant, ces objets sont déchargés du véhicule (ligne f). Lors de la création d'un nouveau véhicule, la liste des EPs disponibles est mise à zéro (ligne g.ii).

Algorithme PFSP

Début
Initialiser la liste des EPs et la liste des clients du véhicule
Tant que (véhicule. full==Faux) && (ListeObjets non vide)

1. Si (ListeObjets vide)

   (a) Véhicule non vide:= Vrai

   (b) Incrémenter nombre de véhicules occupés

2. Sinon

   (a) Trier la liste des EPs dans l'ordre croissant de (X, Y, Z)

   (b) Objet placé:=Faux

   (c) Slice:=dernière tranche créée

   (d) Mettre à jour la liste des EPs correspondante à cette tranche

   (e) Tant que (Objet placé==Faux)

       i. Si (PlacerObjet(EP) ne dépasse pas la tranche)

          A. Si (PlacerObjet(EP) vérifie les contraintes)
             – Supprimer l'objet placé de la liste des objets
             – Ajouter l'objet placé à la liste des objets chargés
             – Mettre à jour la liste des clients à servir
             – Mettre à jour la liste des EPs
             – Objet placé:= Vrai

          B. Sinon passer à l'EP suivant

       ii. Sinon créer un nouveau slice

   (f) Si (Objet placé==Faux)

       i. véhicule non vide:= Vrai

   (g) Si (Objet placé==Faux) && (véhicule Contient (client(objet)))

       i. Véhicule non vide:=Vrai

       ii. Eliminer les objets du client "client(objet)" du véhicule

       iii. Mettre à jour la liste des objets chargés

   (h) Si (véhicule non vide==Vrai)

       i. Incrémenter nombre de véhicules occupés

       ii. Vider la liste des EPs

       iii. Créer un nouveau véhicule

       iv. Créer un nouveau slice

       v. véhicule non vide:=Faux

Fin

Cet algorithme est basé sur la création des tranches (slices). Pour placer un objet dans la 1ère tranche créée, la liste des EPs est triée dans l'ordre croissant de X, Y et Z (ligne 2.a). Une liste de slices est créée et chaque tranche créée est ajoutée à cette liste. La vérification du passement des tranches se fait par rapport au dernier slice créé, c'est-à-dire le dernier élément de la liste des slices (ligne 2.c). Si le placement de l'objet dépasse le dernier slice créé, un nouveau slice est créé (ligne 2.e.ii). Si quelque soit l'emplacement de l'objet il dépasse le dernier slice créé, le véhicule est considéré non vide (ligne 2.f). Lors de la création d'un nouveau véhicule, un nouveau slice est crée (ligne 2.h.iv)

5.4 Conclusion

Dans cette section nous avons présenté le fonctionnement des algorithmes exécutés par les Agent_Algo présentés dans le chapitre précedent : l'algorithme DBLF exécuté par l'Agent_DBLF, l'algorithme MTA exécuté par l'Agent_MTA et l'algorithme PFSP exécuté par l'Agent_PFSP. Ces algorithmes sont exécutés dans le but de trouver un chargement faisable de véhicules. Les résultats de leur exécution sont présentés dans le prochain chapitre.

Chapitre 6

Implémentation et Expérimentations

6.1 Introduction

Ce dernier chapitre comporte en premier lieu une présentation de la plateforme utilisée pour l'implémentation de notre approche. Ensuite, nous présentons les instances du benchmark utilisé au niveau des expérimentations effectuées. Et finalement, nous présentons et analysons les différents résultats obtenus

6.2 Implémentation

Notre approche est implémentée en utilisant la plateforme multi-agent Jade (Java Agent Development framework) version 3.6 et l'environnement Java Eclipse

6.2.1 Jade

Jade est une plateforme dédiée au développement des systèmes multi-agent. Elle est entièrement implémentée en Java et répond aux spécifications FIPA (Foundation for Intelligent Physical Agents). Elle fournit un grand nombre de classes qui implémentent le comportement des agents créés.
Cette plateforme comprend trois modules principaux :

ACC (Agent Communication Channel) : Son rôle est de gérer l'échange d'informations entre les différents agents du système

DF (Director Facilitor) : Il fournit un service de pages jaunes à la plateforme. Ces pages enregistrent les descriptions des agents ainsi que les services qu'ils offrent

AMS (Agent Management System) : C'est un système de gestion des agents. Il fournit un service de nommage pour superviser l'enregistrement et l'authentification des agents. Il représente aussi l'autorité de la plateforme en gérant l'accès des agents au système.

Ces modules sont activés à chaque démarrage de la plateforme.

Une instance de Jade est appelé "Container" (conteneur). Une plateforme est composée de plusieurs conteneurs. Chaque plateforme doit avoir un conteneur de base appelé "main-container".

Dans un système multi-agent, chaque agent peut communiquer avec les autres agents sans avoir besoin de savoir leurs emplacements. Ces agents peuvent appartenir au même conteneur, ou à la même plateforme mais à des différents, ou à deux plateformes différentes.

Pour communiquer, les agents utilisent le langage FIPA ACL. Ce dernier possède plusieurs actes communicatifs, exprimés par des commandes réparties sur cinq groupes : des commandes de passage d'information, de réquisition d'information, de négociation, de distribution de tâches, et finalement, de manipulation des erreurs.

La Figure.6.1 montre les concepts de base de la plateforme Jade en présentant deux plateformes composées respectivement de trois et un conteneur.

6.2.2 Choix de Jade

Nous avons choisi la plateforme de développement Jade pour implémenter notre modèle multi-agent présenté dans le 4ème chapitre pour les raisons suivantes :

- Jade est une plateforme gratuite et Open Source sous les termes de la licence LGPL (Lesser General Public License)

- Jade fonctionne sous tous les systèmes d'exploitation. Donc elle peut être répartie entre plusieurs machines n'ayant pas forcement le même système d'exploitation

- Jade inclut tous les composants qui contrôlent un SMA, et possède une architecture très précise permettant la construction des agents

- Jade fournit des classes qui implémentent JESS (outil de raisonnement à base de règles) pour définir le comportement des agents

- Jade propose un ensemble de services système et agents conformes aux normes FIPA simplifiant ainsi le développement des systèmes multi-agent

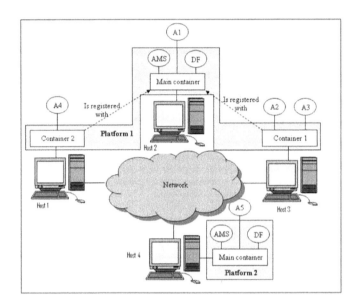

FIGURE 6.1 – Concepts de base de JADE

6.2.3 Langage de programmation Java

Puisque nous avons utilisé la plateforme Jade pour développer le sys-tème multi-agent, l'utilisation d'un environnement de développement Java est indispensable puisque la plateforme est entièrement développée en java. De plus, java est un langage orienté objet et fournit une grande bibliothèque d'objets. Les programmes écrits en Java fonctionnent de manière similaire sur différentes architectures matérielles. L'environnement de développement que nous avons choisi est Eclipse version 3.4

6.3 Expérimentations

Pour valider notre modèle multi-agent, nous résolvons un ensemble d'ins-tances déjà utilisé dans la littérature. Ces instances ont été présentées par [MMGS06] et elles sont disponibles au niveau du lien suivant :
$http : //www.or.deis.unibo.it/research\_pages/ORinstances/ORinstances.htm$

Pour ce faire, nous appliquons les algorithmes Deepest-Bottom-Left Fill, Maximum Touching Area, et Peak Filling Slice Push.

Les expérimentations sont effectuées sur un ordinateur dont le processeur est Intel Core2, 2.10 GHz, avec une mémoire vive de 3 Go

6.3.1 Les caractéristiques des instances

Ce benchmark possède 27 instances. Chaque instance possède un nombre de clients à servir, un ensemble d'objets, et un nombre de véhicules disponibles ayant tous les mêmes dimensions. L'ordre de visite des clients est déjà défini pour pouvoir appliquer la politique LIFO lors du chargement des véhicules. Le nombre de clients à servir varie entre 15 et 100 ayant des demandes entre 26 et 199 objets. Le nombre de véhicules disponibles varie entre 4 et 26 véhicules. Tous les véhicules possèdent les mêmes dimensions :W=25, H=30 et L=60

6.3.2 Résultats obtenus

Dans ce qui suit, nous présentons l'ensemble des résultats obtenus en appliquant les trois heuristiques de chargement.

Le tableau 6.2 présente la valeur obtenue de la fonction objectif par chaque heuristique, pour chaque instance. La différence entre les heuristiques au niveau du nombre de véhicules occupés est un véhicule au maximum.

D'après la Figure 6.2, dans certains cas, l'algorithme MTA donne une valeur meilleure que celle des autres heuristiques. Mais dans la plupart des cas, les heuristiques donnent la même valeur. En effet, l'efficacité de chaque méthode dépend du critère de tri utilisé dans l'ordre de placement des objets. Ces derniers peuvent être triés dans l'ordre croissant de leurs volumes, de leurs hauteurs ou de leurs longueurs, etc. Chaque critère peut être efficace avec une méthode mais pas avec une autre, et pour cela que nous ne pouvions pas distinguer la meilleure méthode de chargement.

Concernant le temps d'exécution, la Figure 6.3 présente l'évolution du temps d'exécution mis par chaque heuristique. D'après les courbes, l'algorithme MTA est le plus lent. En effet, il est appelé à parcourir tous les Extreme Point à chaque placement d'un nouvel objet. L'augmentation du nombre des Extreme Point à chaque ajout d'un objet explique l'augmentation du temps de calcul mis par MTA en augmentant le nombre d'objets

TABLE 6.1 – Caractéristiques des instances

Instances	Nombre des vehicules	Nombre des clients	Nombre des objets
E016-03	4	15	32
E016-05	5	15	26
E021-04	4	20	37
E021-06	6	20	36
E022-04	6	21	45
E022-06	6	21	40
E023-03	6	22	46
E023-05	6	22	43
E026-08	8	25	50
E030-03	8	29	62
E030-04	8	29	58
E031-09	9	30	63
E033-03	8	32	61
E033-04	9	32	72
E033-05	9	32	68
E036-11	11	35	63
E041-14	14	40	79
E045-04	11	44	94
E051-05	12	50	99
E072-04	18	71	147
E076-07	17	75	155
E076-08	18	75	146
E076-10	17	75	150
E076-14	16	75	143
E101-08	22	100	193
E101-10	26	100	199
E101-14	23	100	198

TABLE 6.2 – Résultats de l'exécution des heuristiques

Instances	nombre de véhicules occupés			nombre de véhicules dispo
	DBLF	MTA	PFSP	
E016-03	4	4	4	4
E016-05	4	3	4	5
E021-04	4	4	4	4
E021-06	5	4	5	6
E022-04	6	5	5	6
E022-06	5	5	5	6
E023-03	6	5	5	6
E023-05	6	6	6	6
E026-08	8	7	8	8
E030-03	8	8	8	8
E030-04	8	7	8	8
E031-09	9	9	9	9
E033-03	8	8	7	8
E033-04	9	9	9	9
E033-05	9	9	9	9
E036-11	8	7	8	11
E041-14	12	12	11	14
E045-04	11	11	11	11
E051-05	12	12	12	12
E072-04	18	18	18	18
E076-07	17	17	17	17
E076-08	18	18	18	18
E076-10	17	17	17	17
E076-14	16	16	16	16
E101-08	22	22	22	22
E101-10	26	26	26	26
E101-14	23	23	23	23

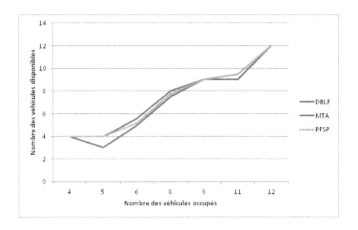

FIGURE 6.2 – Comparaison entre les heuristiques en fonction du nombre de véhicules occupés

demandés. La complexité de cet algorithme est égal à $O(n*m^2)$ au pire des cas et égale à $O(n*m)$ au meilleur des cas, tel que n est le nombre d'objets et m est le nombre des EPs disponibles pour placer un objet.

Les algorithmes DBLF et PFSP mettent presque le même temps d'exécution pour charger tous les objets. Ils mettent moins de temps Contrairement à MTA, ces algorithmes placent l'objet dans le 1er EP qui vérifie les contraintes, donc ils ne sont pas obligés de parcourir tous les EPs pour placer un objet. La liste des EPs est triée avant de placer un objet. Ainsi, la complexité de DBLF et de PFSP est égale à $O(m*(1+n))$ au pire des cas et à $O(m+n)$ au meilleur des cas.

Dans le but de mettre en évidence l'efficacité de la coopération des agents de notre système, nous présentons les résultats de trois instances au début et à la fin de l'exécution du système.

La Figure.6.4 présente le résultat obtenu par chaque agent dans la 1ère itération d'un processus de chargement de véhicule. Ces résultats sont obte-

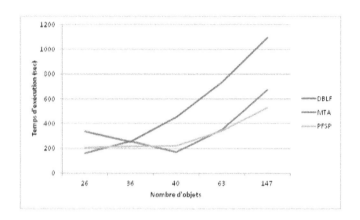

FIGURE 6.3 – Evolution du temps d'exécution en fonction du nombre d'objets

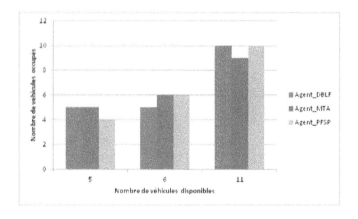

FIGURE 6.4 – Résultats de la 1ère itération du processus

83

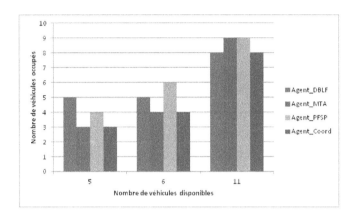

FIGURE 6.5 – Résultats obtenus à la fin du processus

nus en exécutant les algorithmes ayant en entrée un ordre de tri de la liste des objets aléatoire. La Figure.6.5 présente le résultat final d'un chargement de véhicules.

En effet, dans la 1ère instance de la Figure.6.4, nous remarquons que l'Agent_PFSP possède le plus petit nombre de véhicules occupés. A la fin de l'exécution de cette instance, l'Agent_MTA est l'agent qui possède le nombre de véhicules minimal (Figure6.5). Ce nombre de véhicules est obtenu en exécutant l'algorithme MTA ayant en entrée la liste utilisée par l'Agent_PFSP au début du processus. A la fin du processus, le nombre de véhicules occupés que possède l'Agent_Coord est celui de l'Agent_MTA.

De même pour les deux autres instances : Le nombre de véhicules occupés dans la 2ème instance est obtenu par l'Agent_MTA en exécutant son algorithme ayant en entrée l'ordre de tri utilisé par l'Agent_DBLF, et Le nombre de véhicules occupés dans la 3ème instance est obtenu par l'Agent_DBLF en exécutant son algorithme ayant en entrée l'ordre de tri utilisé par l'Agent_MTA

6.4 Conclusion

Dans ce chapitre, nous avons présenté l'ensemble des tests effectués et les résultats obtenus. Pour ce faire, nous avons eu recours au benchmark de [MMGS06]

Les résultats ont montré l'efficacité de notre approche au niveau du nombre de véhicules occupés obtenu par chaque heuristique. De plus, nous avons montré la différence entre ces heuristiques au niveau du temps d'exécution. Cette différence est considéré négligeable entre les deux heuristiques DBLF et PFSP.

Conclusion générale

Dans la littérature, le problème de 3L-CVRP a fait l'objet de plusieurs recherches. Il consiste à distribuer un ensemble d'objets à une liste de clients en minimisant le chemin parcouru. La résolution de ce problème vise aussi à résoudre le problème de chargement tridimensionnel des véhicules. Le problème de chargement dans 3L-CVRP consiste à charger un ensemble d'objets dans des véhicules d'espace tridimensionnel en respectant un ensemble de contraintes.

Dans ce livre, nous nous sommes intéressés à la résolution de la partie chargement du problème. Pour ce faire, nous avons présenté une nouvelle approche hybride multi-agent en améliorant 2 heuristiques déjà adaptées au 3L-CVRP (DBLF et MTA), et en y adaptant d'autres heuristiques.

La 1ère partie de ce livre présente les problèmes liés au problème de 3L-CVRP comme un état de l'art. Dans le 1er chapitre, nous avons présenté le problème de chargement de véhicules à 2 dimensions (2L-CVRP) en présentant sa formulation mathématique. Ce problème a été résolu en appliquant plusieurs méta-heuristiques pour déterminer le plus court chemin et des heuristiques de chargement en satisfaisant les contraintes de capacité au niveau du poids et du contenu, de chevauchement et d'orthogonalité en respectant la politique LIFO.

Ensuite, dans le 2ème chapitre, nous avons présenté le problème de chargement de véhicules à 3 dimensions (3L-CVRP). La résolution de ce dernier s'est effectuée en appliquant différentes méthodes pour déterminer le chemin le plus court tel que les méta-heuristiques, les arbres de recherche,etc. Au niveau du chargement des véhicules en 3 dimensions, les méthodes utilisées dans la littérature sont soit les 2 heuristiques DBLF et MTA, soit des méta-heuristiques. Le chargement se fait en respectant la politique LIFO et les contraintes de capacité, de chevauchement et de fragilité.

Puisque nous nous intéressons à la partie de chargement, dans le 3ème chapitre, nous avons présenté le problème de 3-Dimensionnal Bin Packing Problem (3BPP). Ce dernier consiste à placer un ensemble d'objets 3D dans des bins en minimisant le nombre de bins utilisés et en respectant les contraintes de capacité et d'orthogonalité. Le but de ce chapitre est de présenter l'ensemble des heuristiques dédiées au chargement 3D et cela pour appliquer quelques unes pour résoudre le problème de chargement au niveau de 3L-CVRP.

La 2ème partie de ce livre présente une approche multi-agent dédiée à la résolution du problème de chargement. Dans le 1er chapitre de cette partie (4ème chapitre), nous avons présenté l'architecture multi-agent que nous avons adapté pour développer notre approche et l'ensemble des agents qui composent notre système, leurs connaissances et leurs comportements : des Agent_Algo qui exécutent les algorithmes de chargement, et un Algo_Coord qui choisit la meilleure solution parmi celles trouvées par les Agent_Algo. Puis, nous avons décrit le fonctionnement du système et de ses agents en présentant l'ensemble des informations échangées entre ces agents.

Dans le 5ème chapitre, nous avons présenté l'adaptation des différents algorithmes exécutés par les Agent_Algo. Ces algorithmes sont améliorés afin de satisfaire l'ensemble des contraintes liées au problème 3L-CVRP : Lors du placement des objets, nous avons pris en considération les Extreme Points, le degré de fragilité des objets, un support minimal pour chaque objet placé et l'ordre de visite des clients. Nous avons présenté aussi les détails de fonctionnement de trois heuristiques de chargement.

Le dernier chapitre comprend les détails de l'implémentation de notre approche et la partie expérimentale. Au sein de cette dernière, nous avons traité les résultats obtenus en exécutant les 3 heuristiques de chargement. Les résultats obtenus ont montré que l'algorithme Maximum Touching Area peut donner des résultats meilleurs que Deepest-Bottom-Left Fill et Peak Filling Slice Push au niveau du nombre de véhicules occupés. Par contre, son temps d'exécution est très important par rapport aux autres heuristiques

Finalement, nous envisageons, comme perspectives, de :
- Implémenter les trois heuristiques de chargement restantes (SRC, EP-FFD, EP-BFD)
- Ajouter une méta-heuristique pour déterminer le meilleur ordre de tri des objets

- Considérer un des attributs liés au problème de 3L-CVRP lors du chargement tel que VRPB
- Ajouter une méta-heuristique pour combiner cette approche avec la partie du routage de 3L-CVRP (déterminer le plus court chemin)

Bibliographie

[A12]   Bortfeldt A. A hybrid algorithm for the capacitated vehicle rou-
          ting problem with three-dimensional loading constraints. *Com-
          puters and Operations Research*, 39(9) :2248–2257, September
          2012.

[AM10]   Carvalho de Almeida A.M and Figueiredo M. On the three-
          dimensional bin packing using rotations. International Confe-
          rence on Engineering Optimization, September 2010.

[ASD99]   Lodi A, Martello S, and Vigo D. Heuristic and metaheuristic
          approaches for a class of two-dimensional bin packing problems.
          INFORMS Journal on Computing, 11(4) :345–357, 1999.

[CEC09]   Tarantilis C.D, Zachariadis E.E, and Kiranoudis C.T. A hybrid
          metaheuristic algorithm for the integrated vehicle routing and
          three-dimensional container-loading problem. *Intelligent Trans-
          portation Systems, IEEE Transactions on*, 10(2) :255–271, June
          2009.

[CPA11]   Duhamel C, Lacomme P, and Toussaint A, Quilliot ans H. A
          multi-start evolutionary local search for the two-dimensional loa-
          ding capacitated vehicle routing problem. *Computers and Ope-
          rations Research*, 38(3) :617–640, March 2011.

[DJA+07] Aprile D, Egeblad J, Garavelli A.C, Lisi S, and Pisinger D. Lo-
          gistics optimization : Vehicle routing with loading constraints.
          19th International Conference on Production Research, 2007.

[ECC09]   Zachariadis E.E, Tarantilis C.D, and Kiranoudis C.T. A guided
          tabu search for the vehicle routing problem with two-dimensional
          loading constraints. *European Journal of Operational Research*,
          195(3) :729–743, June 2009.

[EGG04]   Burke E.K, Kendall G, and Whitwell G. A new placement heu-
          ristic for the orthogonal stock-cutting problem. *Operations Re-
          search*, 52(4) :655–671, July/August 2004.

[GKRM09] Fuellerer G, Doerner K.F, Hartl R.F, and Iori M. Ant colony optimization for the two-dimensional loading vehicle routing problem. *Computers and Operations Research*, 36(3) :655–673, March 2009.

[GKRM10] Fuellerer G, Doerner K.F, Hartl R.F, and Iori M. Metaheuristics for vehicle routing problems with three-dimensional loading constraints. *Eurepean Journal of Operational Research*, 201(3) :751–759, March 2010.

[MJD07] Iori M, Gonzalez J.J.S, and Vigo D. An exact approach for the vehicle routing problem with two-dimensional loading constraints. *Transportation Science*, 41(2) :253–264, May 2007.

[MMGS06] Gendreau M, Iori M, Laporte G, and Martello S. A tabu search algorithm for a routing and container loading problem. *Transportation Science*, 40(3) :342–350, August 2006.

[MMGS08] Gendreau M, Iori M, Laporte G, and Martello S. A tabu search heuristic for the vehicle routing problem with two-dimensional loading constraints. *Networks*, 51(1) :4–18, January 2008.

[MSD02] Dell'Amico M, Martello S, and Vigo D. A lower bound for the non-oriented two-dimensional bin packing problem. *Discrete Applied Mathematics*, 118(1-2) :13–24, April 2002.

[QQKL12] Ruan Q, Ruo Q, Woghiren K, and Miao L. A hybrid genetic algorithm for the vehicle routing problem with three-dimensional loading constraints. *Cambridge University Press-RAIRO Operations Research*, 46(1) :63–82, January 2012.

[SDD00] Martello S, Pisinger D, and Vigo D. The three-dimensional bin packing problem. *Operations Research*, 48(2) :256–267, March/April 2000.

[SXDJ11] Leung S.C.H, Zhou X, Zhang D, and Zheng J. Extended guided tabu search and a new packing algorithm for the two-dimensional loading vehicle routing problem. *Computers and Operations Research*, 38(1) :205–215, January 2011.

[TGR08] Crainic T.G, Perboli G, and Tadei R. Extreme point-based heuristics for three dimensional bin packing. *INFORMS Journal on Computing*, 20(3) :368–384, May 2008.

[WAM08] Maarouf W.F, Barbar A.M, and Owayjan M.J. A new heuristic algorithm for the 3d bin packing problem. *Innovations and Advanced Techniques in Systems, Computing Sciences and Software Engineering*, pages 342–345, 2008.

[WHAL12] Zhu W, Qin H, Lim A, and Wang L. A two-stage tabu search algorithm with enhanced packing heuristics for the 3l-cvrp and m3l-cvrp. *Computers and Operations Research*, 39(9) :2178–2195, September 2012.

[ZSW⁺11]   Zhang Z, Guo S, Zhu W, Oon W, and Lim A. Space defragmentation heuristic for 2d and 3d bin packing problems. volume 1. 22nd International Joint Conference on Artificial Intelligence, 2011.